KB023910

생태주의 역사강의

생태주의
역사강의

근대와 국가를 다시 묻는다

백승종 지음

한티재

1.

티끌 하나에 우주가 깃들어 있네.(一微塵中含十方)
우주 전체가 다 그러하네.(一切塵中亦如是)

이 세상에는 무엇 하나 소홀히 여길 것이 없다. 생명의 위대한 기운이 어디에서나 숨 쉬고 있다. 인용문은 『화엄일승법계도』華嚴一勝法界圖에서 가져온 것인데, 우주만물의 연기緣起 곧 그 심오한 인과율을 이보다 잘 드러내기는 어려운 것이다.

글의 저자는 신라의 의상義湘(625~702) 스님이다. 그는 화엄사상에 정통했다. 그 정수를 서른 개의 구句로 간단히 요약하였던 바, 일곱 번째 구절이 바로 위에 소개한 글귀이다.

생명 존중의 가르침은 화엄사상에 국한되지 않는다. 겉으로는 불교를 이단시하고 탄압했던 조선의 성리학자들도 다르지 않았다. 그들 역시 우주만물을 향한 무한한 존경심[敬]을 가졌으며, 조금의 거짓도 용서하지 않는 진실한 마음[誠]을 스스로에게 요구하는 경향이 있었다.

19세기 후반 한국의 사상계에는 동학이 등장했다. 우후죽순처럼 일어난 동학은 한동안 정치를 비롯해 사회와 문화 등 각 방면에 큰 영향력을 행사하였다. 그들은 유교도 불교도 새 시대의 사명을 완수하기에는 부족하다고 주장하였는데, 동학의 가르침에서 가장 빛나는 부분 또한 생명에 대한 외경심이었다.

동학의 제2대 교조 최시형(1827~1898)은 '이천식천'以天食天이라고 하였다. 대개는 아는 말씀이지만 풀어보면 이런 뜻이다. 인간은 만물의 영장으로서 하늘과 같이 존귀한 존재이나, 그가 날마다 먹고 마시는 사소한 것들도 실은 하늘처럼 높고 귀하다. 사람과 만물은 본질적으로 평등한 존재이다. 모든 우주만물은 하나가 다른 하나를 무시하고 차별하거나 악용해서는 안 될 지극히 귀하고 선한 존재들이다.

2.

　이렇듯 우리의 전통사상은 생태사상과 본질적으로 상통한다. 화엄사상에도, 그리고 성리학과 동학사상에도 우주만물의 호혜적이고 유기적인 관계를 중시하는 흐름이 뚜렷하였다.

　그러나 도도한 생명 존중의 사상적 물줄기는 메말라 더이상 흘러가지 못한다. 모든 문제를 경제활동의 자유를 통해 해결하려는 경제지상주의가 횡행하기 때문이다. 자본주의 또는 공산주의의 얼굴을 한 이 괴물이 지구 전체를 지배하게 되면서, 인간사회는 질곡에 빠져 들었다. 이런 풍조는 18세기 영국의 사상가 아담 스미스(1723~1790)로부터 비롯되었고, 나중에는 '성장'과 '개발'의 미명을 내세우며 전 지구를 총체적 혼란으로 몰아넣었다. 생태질서의 파괴는 그 당연한 결과이다.

　경제가 발전하면 무엇 하겠는가? 빈곤이 추방되기는커녕 99퍼센트의 인간이 궁지로 몰리고 있다. 공생공존의 생태적 도덕률이 무시되는 가운데 극소수가 다수 대중을 마음껏 착취하는 상황이 우리의 눈앞에 벌어지고 있다. 근대 계몽주의가 남긴 위대한 유산으로 평가되던 정치제도, 즉 '민주주의'마저 위기를 맞았다. 오늘날 미국 사회에서 목격되는 '트럼프 현상'이 증명하는 바이다.

미국은 1980년대부터 '신자유주의'를 외치며, 지구의 미국화를 추진하였다. 그들은 자유무역의 확대를 통해 자국의 지배력을 강화하려 했으나, 중국을 비롯한 신흥 공업국가들의 도전을 효과적으로 방어하지 못했다. 이에 미국은 심각한 위기를 느낀 나머지 방향을 급선회하기에 이르렀다. 그들은 '세계의 지도국가'라는 지위를 스스로 포기할 것인가? 트럼프와 같은 이를 대통령으로 선출함으로써, 미국은 구시대의 부정적 유산인 국가주의와 인종주의의 수렁에 빠지고 있다. 우려와 빈축이 나오는 것은 당연한 일이다. 미국 사회의 변모는 가치의 회복과 방향전환을 촉구하는 역사의 음성으로 받아들여야 하지 않을까?

3.

생명 존중의 봄은 아직 오지 않았다. 우리는 여전히 엄동설한에 갇혀 있다. 본래적 의미에서 살핀다면, 인간은 오직 자신의 생명을 유지하는 수준에서만 다른 생명체의 권익을 침해할 수 있다. 이를 벗어나 다른 생명체의 존속을 위협하거나 방해할 권리는 없다. 경제지상주의가 인간사회를 전면적으로 바꾸기 이전에는 지구 어디에나 생명 중심의 이러한 가치관이 존재하였다. 생태적 사고는 낯선 것도, 새롭기만 한 것도 아니란 말이다. 그럼에도, 현대인의 삶은 그로부터 너무 멀어졌다.

생태계에 대한 인간의 개입이 도를 넘었다. '체르노빌'과 '후쿠시마'의 참극은 우리의 경각심을 불러일으키기에 충분하였다. 허나 이런 사태를 겪고서도 이 나라의 지도층은 오히려 핵발전소를 더 짓겠다고 주장했다. 심지어는 해외에 핵발전소를 수출하겠다고 별렀다. 실로 한심한 일이다.

지금 나의 뇌리에는 현대 미국의 생태사상가요, 급진적 활동가였던 머레이 북친(1921~2006)의 주장이 떠오른다. 그는 생태계의 모든 문제가 인간사회의 부조리에서 비롯되었다고 보았다. 그러므로 한 인간이 다른 인간을 억압하고 착취하는 구조를 척결하지 않고서는 생태계의 문제를 근본적으로 해결할 수 없다. 이것이 북친의 통찰이었다. 과연 우리 사회의 허다한 문제들은 기회가 균등하지 못하고 억압과 차별이 제도화됨으로써 일어난 것이다. 이로써 계급과 젠더의 심각한 불화가 초래되었다. 이것이 결국 생태계에 대한 착취와 파괴 행위로 이어졌다.

4.

한 사람의 역사가로서 나는 무엇을 할 수 있을까? 객관적이고 중립적인 태도를 견지하며 인간의 역사를 순수 학문의 입장에서 바라볼 수 있을까? 이것은 처음부터 불가능한 일이다. 굴절과 오욕으로 점철된 역사 앞에서 중립이란 존재할 수 없다. 부족하나마 자신의 관점과 의지를 따라 역사를 서술하는 것, 이는 그 자체로서 하나의 실천이며 행동이다. 하워드 진(1922~2010)의 '역사의 힘'이 우리에게 주는 가르침이다.

이 책에 '생태주의 역사강의'라는 제목을 붙이는 것은 주제넘은 일이다. 감히 '주의'를 표방해도 좋을 만큼 나의 생각이 여물지 못했다. 부족한 점을 자인하면서도 내가 녹색의 관점 또는 생태주의의 관점을 지지하고 있다는 사실을 숨길 수 없다. 언젠가 나의 생태적 사고에도 가지가 벋고 열매가 무성하기를 소망할 뿐이다. 그런 뜻에서 지난 십 년간 '생태적 전환'을 꿈꾸며 쓴 여덟 편의 글을 이 책에 담았다. 우연한 일이지만 그 가운데 다섯 편은 『녹색평론』에 실린 글이다. 흔쾌히 전재를 허락해준 녹색평론사에 감사드린다.

두서없이 쓴 글이라 일관된 질서를 부여하기는 어려웠다. 책의 구성과 편집에 결정적으로 힘을 보태준 한티재의 변홍철 선생께 감사드린다. 아울러 글에 직접 간접으로 등장하는 여러 분들께도 깊이 감사드린다.

2017년 어느 봄날
평택에서 백승종 씀

차례

나는 왜
'생태주의 역사가'가
되었나

생태적 전환은 인간의 탐욕에 의한
생태계의 착취를 중단하려는 시도이다.
그리하여 구성원 모두에게 평화를 선사하고,
생태적 존재로서 본성의 회복을 촉구한다.

생태적 관점에서 역사를 바라본다는 것은 무슨 뜻인가? 정녕 그런 관점이 우리에게 필요한가? 우리가 만일 생태주의 노선을 따른다면, 어떤 변화들이 일어날까? 이 책에서 다룰 역사 이야기는 어떤 것인가? 궁금증을 차례로 하나씩 풀어보자.

현대사회의 위기

이 논의는 현대사회의 부조리를 진단하는 데서 시작된다. 만일 현실에 심각한 구조적 문제가 없다면, 생태주의라는 대안적 관점이 필요할 리 없기 때문이다.

최근의 언론보도에 따르면 우리나라의 양극화는 한계수준을 넘은 것이 분명하다. 상위 10퍼센트가 나라 전체 소득의 50퍼센트 정도를 점유하고 있다. 세계적으로도 가장 심각한 수준이다. 그런데 이것은 한국 사회의 문제일 뿐 아니라, 21세기 세계 각국이 직면한 보편적인 문제이다.

부의 편중은 국가와 국가 간에도 극심한 갈등을 낳는다. 여러 해 전부터 유럽연합EU은 심각한 내부분열에 시달린다. 2016년, 유럽연합의 중심축이었던 영국이 탈퇴를 선언해, '브렉시트'라고 하는 초유의 비상사태가 발생했다. 그보다 2년 전, 그리스의 재무장관 바루파키스는 국가 간의 민주주의가 실종되었다고 신랄하게 비판했었다. 유럽연합 회원국들은 과연 내부의 정치·경제적 불평등으로 인해 심각한 고통을 겪고 있다.

문제의 근원에 '경제지상주의'가 자리한다. 그 이름은 시대에 따라 바뀌었으나 실상은 하나였다. 18세기 영국의 부르주아들은 '자유방임주의'를 부르짖으며, 국가가 경제에 간섭하지 못하게 제한했다. 그런데 국제교역의 비중이 날로 커지자, 그들은 국가의 군사적 개입이 필요하게 되었다. 영국과 프랑스를 비롯한 서구 열강은 19세기 내내 식민지 쟁탈전을 일삼으며 '제국주의' 노선을 추구하였다. 그 결과 그들의 이익이 충돌하여 20세기 전반에는 두 차례씩이나 세계대전을 치렀다. 이 전쟁의 최후 승자인 미국은 '무역자유화'를 추진했고, 나중에는 '신자유주의'의 기치를 표방하며 전 세계의 부와 자원을 독점하려고 시도했다. 이처럼 각 시대마다 내세운 구호는 달랐으나, 경제적 이익을 최상의 가치로 보았다는 점에서는 전혀 다름이 없었다.

세계는 경제지상주의로 여러 번 홍역을 치렀다. 그럼에도, 빈곤의 문제는 해결되지 못했다. 아니, 오히려 고질화되었다고 볼 수 있다. 나라마다 정치, 사회, 문화의 각 방면에 구조적인 문제들이 쌓여 갔다. 선진국이라 불리는 구미 여러 나라도 예외가 아니다. 많은 시민들이 생계 불안을 견디지 못해 극우 정치가들의 선동에 표를 몰아줄 정도가 되었다. 이것은 트럼프를 대통령으로 뽑은 미국만 문제가 아니다. 영국, 프랑스, 독일 등도 사정은 비슷하다.

그들은 사회가 혼란에 빠지자 여태껏 자신들이 자랑해 온 근대시민사회의 보편적 가치를 포기하는 것 같은 모습이다. 본래 시민사회의 전통이 취약한 러시아는 두말할 나위도 없고, 영국, 미국 및 일본이 지난 수년간 어떻게 변했는지를 살펴보라. 그들은 자국의 이익만 내세우며 합종연횡의 막다른 길로 가고 있다. 국가 간에 맺은 조약들도 하루아침에 휴지가 되고 말 가능성이 높다. 이러다가 세상이 결국 '위기의 1930년대'로 귀환하는 것이 아닌가, 염려하는 서구 지식인들의 목소리가 커지고 있다.

길게 말할 필요조차 없이 지구는 여러모로 위험한 상황이다. 과학과 기술은 날로 발전하고 있으나, 그것이 과연 인간의 보편적 삶을 질적으로 개선할 수 있을지 의문이다. 허나 지구의 운명을 움켜쥔 지도자들, 특히 다국적 기업가들과 각국의 수뇌들은 본질적인 해결책을 외면하고 있다. 안타까운 일이다.

로빈 후드나 배트맨 같은 초인이 홀연히 나타나 인류를 위기로부터 구원할 것인가? 고난에 빠진 시민들 스스로가 새로운 운명을 개척할 수밖에 없을 것이다. 이것이 역사의 뼈저린 경험이다.

물론 오늘의 위기는 하루아침에 생긴 것이 아니다. 1980년대 중반부터 나는 유럽 사회의 모습을 들여다볼 기회를 얻었다. 여러 해 동안 독일에 유학했고, 그 인연이 지금까지 이어진다. 30년도 넘는 세월 동안 유럽은 내 삶에 큰 비중을 차지하였다. 덕분에 많은 사실을 알게 되었다. 처음 내 눈에 비친 유럽 사회는 바로 이상사회의 모습이었다. 군사독재 치하에서 부대끼며 살아온 한 청년의 눈에는 유럽 시민들이 누리는 사회보장제도며 정치적 자유가 완벽해 보였던 것이다. 그런데 시간이 흐르면서 그 사회의 내면을 더 깊숙이 바라볼 수 있게 되자, 이곳저곳에서 어둠의 그림자가 발견되었다.

1990년대부터 유럽의 많은 국가들은 장기침체의 늪에 빠지고 말았다. 그것은 구조적인 문제였다. 장기실업률이 높아졌고, 경제적 불평등의 골이 깊게 패였다. 여기에 기성정당의 정치적 무능력이 드러나면서, 대의정치가 그 한계를 드러냈다. 그리스, 스페인, 이탈리아에 이어 프랑스가 보이는 난맥상은 무엇을 뜻하는가? 유럽의 사회경제적 위기가 전 지구적인 문제들과 교직되어 있고, 단기간에 해결될 전망이 없다는 사실을 증명한다. 과거의 식민지는 더 이상 녹록한 약탈의 대상이 아니며, 시장의 팽창도 이미 한계에 도달했다는 뜻이다.

영국의 저술가 앤드류 마는 인간의 본성에 내재하는 탐욕이야말로 인류 역사의 고질적인 문제라고 지적하였다. 일리가 있다. 그러나 현대사회가 직면한 많은 문제들을 설명하기에는 한계가 있는 분석이다. 오늘날의 문제는 서구 근대사회가 철석같이 믿어온 패러다임 자체의 결함에서 비롯된 것이다.

근대역사학 비판

서구 근대사회의 패러다임은 모든 분야에 적용되었다. 특히 내가 몸담고 있는 역사학이란 분야는 더욱 그러하다. 그렇기 때문에 나는 시간이 날 때마다 근대역사학의 공과를 곰곰이 따져본다. 그 장황한 이야기를 다 늘어놓을 필요는 없을 것이다. 다만 그 중에서 21세기의 좌표를 확인하는 데 도움이 될 만한 핵심적인 문제 두 가지만 짧게 언급하려고 한다.

첫째, 근대에 이르러 역사학은 실증적 과학임을 선포했으나, 실상은 그에 부합하지 못했다는 점이다. '근대역사학의 아버지'로 불리는 랑케(1795~1886)는 그의 저서에서, 근대국가를 이성의 집합적 상징으로 미화했다. 그는 근대국가가 인간사회에 자유와 평등의 확대를 가져올 것으로 확신하였다.

이러한 랑케의 주장은 매력적이었다. 그것이 인류 역사를 통해 실증될 수 있다면 얼마나 좋겠는가? 허나 유감스럽게도, 랑케의 이론은 근대국민국가의 정치적 이념을 합리화한 데 그치고 말았다.

그런데 아직도 랑케가 창시한 근대역사학의 전통을 신봉하는 이들이 적지 않다. 한국사 국정교과서의 당위성을 주장하는 사람들은 당연히 그 범주에 속한다. 그들은 국가권력을 신성화하는 오류를 범하고 있으며, 학문의 이름으로 중앙집권의 논리적 기반을 제공한다. 이러한 일군의 학자들은 자신들이 설정한 문명의 중앙에 변방을 함부로 예속시키는 우를 범한다. 그들은 국가주의와 민족주의의 감옥에 시민들을 가두고, 국가 간의 전쟁 위험을 고조시킨다. 나아가 인류의 장래까지 위협하는 우를 범한다. 한국만의 일이 아니다. 서방세계와 이슬람의 문명적 충돌이 당연시되고, 극우 패권주의가 활개를 치는 것은 근대역사학의 그릇된 패러다임과 직접적인 관계가 있다.

둘째, 근대역사학의 또 다른 문제점은 일직선적 진보사관을 맹신한다는 점이다. 그들은 과학만능의 신화를 퍼뜨리며, 산업화를 적극 찬양했다. 이런 학자들이 자본주의와 공산주의 두 진영에서 모두 학문적 주도권을 장악했다. 그들은 공업화야말로 인간사회의 모든 문제를 근본적으로 해결하는 수단이라 선전하였다. 그리하여 농업마저도 공장식 경영체제로 바뀌고 말았는데, 이것이 생태계의 재앙을 초래하였다. 또, 그들은 경제지상주의에 편승하여 무한경쟁을 정당화하고 부추겼다. 오늘날 대다수 시민들이 낙오자로 전락하게 된 데는 근대역사학의 잘못이 한몫을 차지하고 있다.

근대역사학의 부정적인 유산을 어떻게 극복할 것인가? 20세기 후반부터 우리가 당면한 여러 가지 상황을 고려할 때 이것은 실로 어렵고도 절실한 문제이다. 알다시피 1980년대

말 구 소련으로 대표되는 동구유럽의 공산주의사회가 갑작스레 붕괴하고 말았다. 이에 미국을 맹주로 삼은 서방의 자본주의 세력은 역사적 승리를 만끽하는 분위기였다. 그러나 그 또한 오래가지 못했다. 예상 밖의 심각한 위기가 찾아왔다. 2008년을 전후해 미국 굴지의 신용자본이 파산하였고, 남부유럽의 여러 나라가 국가부도의 위기를 맞았다. 이로써 경제대공황으로 얼룩진 '1930년대의 악몽'이 되살아났다.

인류의 역사는 다시 격랑을 맞은 것이다. 근대역사학이 이상화했던 국가도 민족도 공업화도 인류의 문제를 해결하는 궁극적인 방안이 아니라는 사실이 명백히 드러났다. 우리는 이제 더 이상 경제지상주의의 낡은 해결방식에 기댈 수 없다. 미증유의 역사적 과제를 풀어야 하기 때문에, 패러다임의 전환은 불가피하다.

하나의 대안, 생태주의

어디에서 답을 찾을 것인가? 생태주의야말로 가장 유력한 대안이 아닐까. 왜 그러한가? 현대사회가 처한 문제적 상황을 가장 날카롭게 진단한 것이 생태주의이기 때문이다. 1970년대부터 생태주의자들은 현대사회의 한계와 약점을 낳은 서구 근대국가의 한계를 정확히 지적했다. 그들은 또, 현대사회가 질곡에서 벗어날 수 있는 과감한 해법을 적극적으로 모색해 왔다.

생태주의는 계급과 젠더의 문제를 심각하게 고민했고, 핵문제와 전쟁 그리고 과도한 산업화가 생태계를 파괴로 이끌었다는 사실을 여실히 비판했다. 그들의 상당수는 생태계의 모든 문제가 인간 중심의 사상에서 비롯되었다고 강조했는데, 곱씹어볼 만한 가치가 있다.

인간이란 존재가 과연 스스로를 사고의 중심에서 배제할 수 있을지는 의문이다. 그러나 우주적인 차원에서 문제의 해결책을 구하려는 생태주의자들의 선한 의지는 참으로 훌륭하다.

'강의를 시작하며'에서 나는 티끌 속에도 우주가 담겨 있다는 의상 스님의 화엄사상을 소개하였다. 이러한 영성적 인식은 오래전부터 동서양, 나아가 아메리카 대륙의 원주민 사회에서도 널리 공유되었다. 그것은 현대 노르웨이의 생태 사상가 아르네 네스(1912~2009)의 심층생태학에서도 중요한 위치를 차지했다.

네스는 일찍이 1970년대 초반부터 주장하기를, 모든 생명체는 인간과 대등한 고유 가치를 가지고 있다고 했다. 따라서 인간 중심의 세계관을 벗어나 생명 중심으로 나가야 한다는 것이었다. 그의 이러한 사상은 전 세계적으로 큰 반향을 일으켰다.

네스는 노르웨이 남부 높은 산꼭대기에 오두막을 지어 놓고 검박하게 살며, 생태계의 평형과 조화 그리고 사회정의를 위해 많은 글을 썼다. 그가 남긴 대표작으로는『아르네 네스 선집』이 있다. 네스는 환경운동에 전념하기 위해 일찍이 대학교수를 사직했고, 스피노자의 범신론과 간디의 비폭력 저항운동을 모태로 삼아 자신의 사상을 발전시켰다. 그는 생태계의 평화를 위해 근대 산업자본주의를 해체해야 한다고 확신했다. 그리하여, 세계 여러 나라에서 녹색당을 창설하는 데도 앞장섰다.

네스는 현재진행 중인 극심한 생태계 파괴를 이유로 인류의 미래를 비관하였다. 그러면서도 생태주의운동이 잘만 지속되면, 이백 년 뒤에는 파라다이스를 되찾을 수도 있을 거라고 밝게 전망했다. 그의 장밋빛 전망이 실현될 수 있을까?

나는 독일의 보훔에서 그 가능성을 확인하였다. 보훔은 본래 더러운 탄광도시였다. 유럽에서 가장 오래된 광산학교가 거기 있었고, 불과 사십여 년 전까지만 해도 시내 곳곳에 석탄 채굴장이 가동되었다. 현재의 사정은 어떤가. 푸른 초원과 맑은 강물로 에워싸인 전원도시로 거듭났다. 산과 들을 망친 이도 인간이었지만, 되살려낸 이도 인간이다.

2009년 8월, 우리나라 광양만에서는 유독성 침출수가 바다를 오염시켜 물고기들이 떼죽음을 당했다. 그뿐인가. 한 해가 멀다고 발생하는 전국 각지의 조류인플루엔자AI 매몰지 주변도 심상치 않다. 주민들이 식수로 쓰는 지하수가 적잖이 오염돼 있다. 그런데도 이 나라 주류 언론매체는 드러난 문제점을 보도조차 제대로 하지 않는다. 생각해 보니 그들은 네스와 같이 중요한 사상가가 작고했을 때조차 침묵했었다. 경제지상주의자들에게 생태는 아직 뒷전인 것이다.

네스의 주장 가운데는 적잖은 논란을 불러일으킨 대목도 있다. 그는 생태계의 평화를 위해서 인구의 감소가 필요하다고 보았다. 일리가 있는 말이지만, 그 실현 가능성을 둘러싸고 비판이 대두하였다. 네스를 비롯한 심층생태학자들에 대하여 비판자들은 '생태적 파시즘'으로 흐를 가능성을 경고하기도 했다. 그들의 주장이 맹목으로 흐를 가능성이 있고, 이러한 사상적 편향이 도리어 인간의 자유를 억압하게 된다는 지적이었다.

네스와는 사상적으로 사뭇 달랐던 생태사상가도 많다. 그 대표적인 존재는 아마 미국의 머레이 북친일 것이다. 주물 공장 노동자 출신인 북친에게는 명문대학 졸업장이 없었다. 게다가 그의 주장은 아나키즘에 가까웠다. 쉽게 이해하기 어려운 저서를 여러 권 남긴 탓일까. '사회생태주의' 창시자라는 화려한 명성과 달리 그의 책들은 한국 사회에서 별로 좋은 대접을 받지 못한다.

북친은 이론가이자 실천운동가였다. 그는 오늘날 상당한 인기를 누리는 독일 녹색당의 창립 운동에도 힘을 보탰다. 그의 꿈은 세상을 바꾸는 데 있었다. "가장 중요한 문제는 사회구조를 바꿔 민중이 권력을 장악하도록 만드는 것이다. 최상의 무대는 시, 읍, 마을 같은 지방자치단체다. 거기서 우리는 서로서로 얼굴을 마주한 민주정치를 실천할 수 있다." 이른바 '자유자치주의'가 북친의 이상이었다.

현대사회를 멍들게 한 대의민주주의를 청산하고 직접민주주의로 나아가자는 것이 그의 현실적 대안이었다. 북친의 주장은 확실히 매력적이다. 직접민주주의를 통해 우리는 중앙집권적 국가의 부당한 간섭과 억압에서 벗어날 수 있기 때문이다. 북친의 관점에서 보면, 현대국가는 소수 기득권 세력의 정치수단이다. 재벌과 지배층의 이익만 앞세워 핵무기와 전쟁 위협을 가중시키는 국가. 기후변화와 생태계 파괴의 주범은 야만적 산업화인데, 그 배후에 숨어 있는 원흉이 다름 아닌 국가인 것이다.

비단 강대국만의 일이 아니다. 한국 사회를 들여다보자. 폭력적이고 권위적인 집권세력이 아니라면 어떻게 멀쩡한 4대강을 마구 파헤치고, 재앙의 핵발전소를 여기저기 세울 수 있었겠는가. 평화의 섬 제주도 강정마을에 해군기지를 멋대로 설치하는 것은 또 웬일인가? 이 역시 현대국가의 폭력을 여실히 증명한다. 현재의 이 나라는 시민사회가 요구하는 생태적 가치에 부응하지 못한다.

만일 우리가 눈앞의 정치현실만 헤아린다면 누가 차기 대통령이 될 것인가 하는 문제에 골몰하게 된다. 허나 더욱 필요한 것은 장기적인 안목이다. 생태계의 평화와 공존공생만큼 중요한 과제가 없을 것이다. 만일 그 점에 동의한다면 현대국가라는 괴물에 어떻게 대처해야 할지를 고민하지 않을 수 없다. 시민 의지를 합리적으로 반영할 정치조직을 창안하는 과제만큼 중요한 것이 또 없을 것이다. 북친의 주장이 계속해서 내 머릿속을 맴도는 이유가 거기 있다. 부디 중앙으로만 집중하지 말고 현재 내가 서 있는 변방으로 무게중심을 옮기면 어떨까.

이 지점에서 잠시 프랑스의 생태주의자 앙드레 고르(1923 ~2007)를 떠올리게 된다. 고르는 최저임금제의 중요성을 역설했고, 평생 동안 생태정치의 가능성을 탐구하였다. 이처럼 알고 보면 생태주의의 여러 흐름들이 있어, 실로 다양한 비전을 제시하고 있다.

'에코페미니즘'도 그 가운데 하나이다. 이 운동은 1960년대에 시작되었는데 생태주의와 여성해방운동을 결합한 것이다. 1990년대부터는 세계 각국에서 많은 호응을 받고 있다. 그 사상적 핵심은 생태계에 대한 착취와 억압이 여성에 대한 사회적 차별 및 학대와 근본적으로 같은 문제라는 인식이다. 생태계에 대한 인간의 파괴 행위는 여성에 대한 가부장적인 지배 문화에서 비롯되었다는 것이다. 따라서 여성해방운동과 생태운동은 인습적인 지배와 착취에서 벗어나 온전한 정치·사회·문화적 평등을 추구하는 데 목적을 둔다.

에코페미니즘은 현대사회의 여러 가지 문제점을 새롭게 인식하고 그 대안을 모색한다는 점에서 큰 의의가 있다. 그들은 가부장적 남성권력이 구성한 전통적인 여성성을 거부하고, 새로운 여성성을 추구하는 실천운동이라는 점에서 더욱 많은 시민들의 지지를 받게 될 것이다.

한반도에 사는 우리로서는 동아시아의 사상적 전통에서

도 생태주의 사상의 씨앗을 재발견하게 된다. 공자와 맹자로 대표되는 유가儒家에도 현대의 생태주의로 연결되는 사상적 통로가 있다. 노자와 장자의 도가道家도 그러하다. 석가의 가르침도 예외가 아니며, 동학의 가르침 역시 생태적이다.

두어 가지 사실만 간단히 예를 들어보자. 우선 『논어』論語의 '위령공편'에서 공자는 다음과 같이 말했다. "아무것도 하지 않았으나 잘 다스린 이는 순임금이었도다! 그가 무엇을 하였던가. 자신을 공손히 하고 바르게 임금의 자리를 지켰을 따름이다."(子曰 無爲而治者其舜也與 夫何爲哉 恭己正南面而已矣) 순임금은 만물의 이치에 순응하였기 때문에 굳이 노력하지 않아도 정치가 저절로 잘 되었다는 것이다. 우리는 '무위'를 도교의 전유물로 지레짐작하기 쉬우나, 유가에서도 이상적인 정치는 별로 다르지 않았다.

'무위자연'無爲自然을 강조한 도가에서는 '소국과민'小國寡民의 청사진을 제시하였다. 『도덕경』道德經 제80장이 그에 관한 설명으로 가득하다. 요즘 말로 마을공화국인데, 인구는 적고 온갖 기계가 있어도 내버려둘 뿐 사용하지 않는다. 전쟁할 일도 없고, 복잡한 문자도 쓰지 않는다. 가까운 곳에 사람들이 살고 있다 해도 끝내 서로 왕래하지 않는다. 현대식으로 바꾸어 말하면 문명을 거부한 일종의 아나키즘 공동체 같은 것이다.

도가와 유가의 이상은 현대 생태주의자들과 사상적으로 통하는 점도 있으나, 일치한다고 보기는 어렵다. 시공을 달리해 출현한 만큼 차이가 발견되는 것은 당연한 일이다. 여기서 내가 강조하고 싶은 점은, 그들이 꿈꾼 새 세상에는 서로 일맥상통하는 점이 존재했다는 사실이다. 독립적이면서도 상호의존적인 우주적 존재들의 수평적 교류와 연대를 소망했다는 점이다. 도가의 경우, 외부와의 연대는 절연된 것으로 보이나 공동체 내부의 호혜적인 교류와 연대는 필수적이었다.

'생태적 전환'은 평화와 공생공존의 약속

생태주의는 기성품이 아니다. 그것은 이미 완결된, 엄밀한 사회조직을 염두에 둔 주의주장이 아니다. 생태주의의 이상은 아직 열려 있다. 앞으로도 그 사상적 결실이 차곡차곡 쌓여갈 것이다. 현 시점에서는 '생태적 전환'의 결과를 구체적으로 예측하기가 곤란하다. 하지만 몇 가지 지향점을 언급할 수는 있겠다.

첫째, 생태주의 사회는 근대국민국가의 틀에서 벗어나기를 꾀한다. 그것은 북친의 경우에서 보듯, 아나키즘 공동체를 지향하기도 하고, 직접민주주의의 구현에 의미를 두기도 한다. 명백한 사실은 일체의 폭력과 전쟁을 근원적으로 배제한다는 점이다. 생태주의에서는 구성원들의 직접적인 참여와 연대가 한층 강화된 사회를 이룩하고자 하는 경향이 있다.

둘째, 생태주의 사회는 경제지상주의를 거부하고, 분배의 정의를 강조하는 사회이다. 생태주의자들은 '기본소득'의 배당을 당연한 권리로 인식하는 경향이 있다. 이로써 불평등한 현재의 사회구조가 크게 바로잡히고, 품위 있는 생활이 보장될 것으로 보는 것이다.

셋째, 그들은 새로운 문화를 건설하고자 한다. 중심과 주변의 경계를 무너뜨리고, 공동체의 기능을 강화하려 한다. 또한 개인과 단체의 독립과 자립을 꿈꾸면서도, 연대와 협력을 여러 층위에서 강화하려는 의지가 엿보인다.

간단히 말해, 생태적 전환은 인간의 탐욕에 의한 생태계의 착취를 중단하려는 시도이다. 그리하여 구성원 모두에게 평화를 선사하고, 생태적 존재로서 본성의 회복을 촉구한다.

역사 이야기들

이제부터 일곱 개의 역사 이야기가 나올 것이다. 이 모든 이야기가 현대사의 풍파와 고뇌를 배경으로 삼고 있다. 첫 머리를 장식하는 것은 녹색의 관점에서 우리 역사를 다시 쓰자는 일종의 제언이다. 학교에서 역사시간에 우리가 배운 역사에 어떤 함정이 있는지, 생태적 관점에서 보면 어떻게 다른지를 따져볼 것이다.

둘째는 연전에 정부가 주도한 한국사교과서(교학사 발행)의 근본적인 문제를 파헤친 것이다. 결국 이 사건은 지금도 진행 중인 역사 국정교과서 사건으로 비화되었다. 바람직한 역사교육은 과연 어떤 것인지 다함께 성찰하는 계기가 되었으면 좋겠다.

셋째는 동학 이야기이다. 갑오동학농민혁명의 주체가 '소농'이었으며, 혁명의 모든 과정에는 그들의 뜻이 반영되었다는 점을 강조한다. 소농의 조직과 연대가 역사적 사건의 토대였다는 해석이다. 동학에 관한 일반적인 서술과 달리 소농의 역할에 초점을 두었고, 그들을 역사적 행위의 주체로 인식한 점, 나아가 그들의 '생존전략'을 파악하려 했다는 점에서 새로운 시도일 것이다.

넷째는 한국근현대사를 논의할 때 누구도 피해갈 수 없는 가장 큰 쟁점, 즉 박정희의 경제개발을 해부한다. 그는 변신의 귀재였고, 한 시대의 정치적 주술사였다. 그를 호평하는 사람들의 입장에서 보면 '조국근대화'의 견인차였다. 그러나 반대편에서는 '5·16 군사쿠데타'와 '10월 유신'으로 두 번씩이나 민주주의를 유린한 역사의 파괴자였다. 이 책에서는 생태의 관점에서 박정희와 그의 시대를 재평가한다.

다섯째는 근년에 이명박 정부가 큰 물의를 일으키며 밀어붙인 이른바 '4대강' 사업에 대한 비판이다. 아울러 수년 전에 일어난 '후쿠시마'의 비극을 떠올리며, 문명사적 전환이 얼마나 절실히 요구되는지를 생각해 볼 것이다. 역사가로서 나는 현대문명의 파괴적인 성격이 자본주의에서 비롯되었다는 사실을 단편적으로나마 지적하고자 한다.

여섯째는 시선을 바깥으로 돌려, 극도의 재정위기로 곤경에 빠진 그리스 사태를 점검할 것이다. 인류에게 민주주의의 이상을 불어넣은 그리스는 왜 이런 절망적인 사태를 맞게 되었을까? 일차적으로 우리는 그리스가 겪은 역사적 굴절에 주목하게 된다. 아울러 유럽연합의 내적 분열과 국가 간 민주주의의 위기를 초래한 것이 다름 아닌 신자유주의였음을 확인하게 될 것이다.

끝으로, '브렉시트'Brexit 곧 영국의 유럽연합 탈퇴를 둘러싼 여러 문제를 다룰 것이다. 유럽 여러 나라는 제2차 세계대전의 어두운 그림자에서 벗어나기 위해 지난 70년 동안 많은 노력을 기울였다. 유럽에 평화와 번영을 정착시키려는 그들의 노력이 표면적으로는 큰 성과를 가져온 것처럼 보였으나, 속사정은 복잡하였다. 더욱이 지난 수년간 경제상황이 악화되자, 자국의 이익만 고집하는 국가/민족주의가 재등장하였다. 그러나 영국의 유럽연합 탈퇴를 반드시 그렇게만 볼 일은 아니다. 긴 역사적 흐름 속에서 형성된 유럽 각국의 상이한 정치관행과 가치관도 회원국 간의 갈등과 대립을 고조시켰다. 현재진행 중인 유럽연합의 위기는 장차 인류사회가 나아갈 방향이 무엇인지를 숙고하게 만든다.

이상의 일곱 개의 이야기가 이 책에서 차례로 펼쳐진다. 이것은 결코 체계적인 역사서술이 아니다. 나는 새로운 사실을 발굴하는 데 이야기의 초점을 맞추려 하지 않았다. 대신에 이미 알려진 사실이라도 내 나름의 독자적인 해석을 시도하였다. 가급적이면 생태주의라는 새로운 렌즈를 통해 인류의 역사를 바라보고자 하였다.

녹색의 관점에서
역사를
다시 쓰자

공존공생의 공동체를 지향하는
생태·평화사상이라야
산업화와 그에 따른 무한경쟁이 초래할
공멸의 구렁텅이를 벗어날 수 있지 않을까.

역사교과서는 무엇 때문에 존재하는가?* 그것은 역사적 사실의 학습을 위해 있다고 한다. 그런 것이 왜 필요할까? 시민의 정체성 확립에 도움이 되기 때문이라 한다. 단군신화도 배우고 삼국통일의 역사와 왕건의 재통일, 그리고 민주화의 험난한 역정을 아는 사람이라야 당당한 한국인이 될 수 있단다.

역사 학습을 통해 얻게 될 이점은 그 밖에도 여러 가지라는 것이 통설이다. 우선 이웃나라의 문화를 잘 이해하게 되어 상호관계가 돈독해질 수 있다는 것이다. 교섭이 거의 없었던 먼 나라의 이질적인 문화까지도 배운다면, 인간 이해의 폭이 넓어져 소통과 관용을 중시하는 평화의 정신을 체득하게 된다. 더 나아가 동일한 역사적 사실에 대해 해석이 다양하다는 것까지 배우기 때문에 역사 학습은 창의력을 키우는 토대라고도 한다. 한국의 학교교육 여건에서는 역사

* 이 글은 『녹색평론』 통권 제122호(2012년 1-2월)에 실린 나의 글, 「녹색 역사교과서를 이야기하자」(48~58쪽)를 약간 손질한 것이다.

학습이란 곧 역사교과서를 학습하는 것을 의미하므로 역사교과서가 중요하다.

그러나 이처럼 그럴듯한 주장은 역사교육의 실제와 일치하지 않는다. 대다수 학생들에게 역사 과목은 성가시기만 한 하나의 암기과목일 뿐이다. 학생들은 역사시간에 다양한 해석의 가능성을 배우지 못한다. 그들은 국가가 일방적으로 주입하는 이데올로기의 세례만 받는 것이 예사다. 가치의 다원화는 고사하고 국익과 국가적 자부심 같은 것만 고양하는 데 열을 올린다. 역사시간에 소통과 평화의 가치를 배우기란 불가능한 일이다. 또 다문화 가정이 늘어가는 현실을 고려하지 않고 멀리 단군에서부터 이어지는 순혈주의만 강조하는 것도 딱한 일이다. 이러한 문제점들은 우리 역사교과서가 총체적으로 문제투성이란 사실을 암시한다.

나는 이른바 '역사교육' 학자가 아니다. 그러나 직업적 역사가로 평생을 살아왔다. 때문에 역사교육의 문제점을 어느 정도 알고 있다. 이 지면은 물론 그 방면의 전문가를 겨냥한 것이 아니다. 그런데도 굳이 왜 여기서 역사교과서의 문제를 거론하는가? 우리가 역사교과서를 논의해야 할 이유는 많다.

세 가지만 간단히 짚어 보자. 첫째, 역사교육은 모든 시민을 대상으로 삼고 있다는 사실이 중요하다. 역사교과서가 전문가들의 관심거리로 한정되어 있다시피 한 현실은 온당하지 않다. 그래서 나는 문제의식의 공유를 촉구한다. 이것이 바로 시민들이 역사교육의 문제를 검토해야 할 둘째 이유다. 시민들의 다양한 의사가 반영될 수 있을 때 역사교과서는 질적으로 달라질 수 있다고 믿는다. 끝으로, 새로운 역사교육에 거는 한 가지 강력한 기대가 있어서 이 논의를 시작한다. 알다시피 현대사회는 산업화의 질곡에 갇혀 있다. 지속적 경제성장이라는 그 함정에서 벗어나기를 바란다면 역사교육은 전적으로 달라져야 한다. 근본적으로 새로운 역사교과서가 요청된다. 그것이 나는 녹색의 역사교과서라고 생각한다.

요컨대 이 글은 녹색 역사교과서의 등장을 촉구하는 데 뜻을 둔다. 이러한 주장을 이해하기 쉽도록 글의 첫머리에서는 현행 역사교육의 한계점을 지적하려고 한다. 문제점을 보다 선명하게 드러내기 위한 방편도 고심하였다. 그래서 얼마 전 여론의 관심을 끌었던 문제, 즉 새 역사교과서의 집필기준을 둘러싼 논쟁도 검토하기로 하였다. 이러한 숙고를 통해 한국의 역사교육이 당면한 가장 큰 문제점은 서구에서 시작된 근대국가체제와 직결되어 있음을 거듭 확인하게 될 것이다.

녹색이 해결책일 것이다. 공존공생의 공동체를 지향하는 생태·평화사상이라야 산업화와 그에 따른 무한경쟁이 초래할 공멸의 구렁텅이를 벗어날 수 있지 않을까. 그런 뜻에서 나는 이 글의 말미를 녹색 역사교과서가 나가야 할 방향을 검토하는 데 할애하기로 했다.

근대의 함정에 빠진 역사교육

툭하면 역사분쟁이 일어난다. 오늘날 이것은 전 지구적 현상이 되었다. 폴란드는 독일과 프랑스의 역사교과서가 잘못되었다며 매서운 비판의 칼을 휘두른다. 러시아와 우크라이나 사이에도 풀지 못한 역사문제가 있다. 사태가 더욱 심각한 것은 동아시아 여러 나라의 역사교과서 논쟁이다. 지난 세기 말부터 남북한 당국은 여차하면 중국 및 대만과 힘을 합쳐, 일본의 새 역사교과서를 질타해 왔다. 일본 제국주의의 해독이 동아시아 이웃 국가들에게 심각한 외상(트라우마)을 남겼기 때문이다. 이와 같이 침략과 지배 및 종속의 뼈아픈 역사가 펼쳐진 곳마다 역사분쟁이 계속된다.

현재의 역사교과서로는 화해와 평화의 가치를 구현하기 어렵다. 오히려 상대 국가를 시기하고 증오하는 마음만 키우는 것이 아닐까 염려스런 점이 있다. 국가주의 역사교육의 부정적 역할인 셈이다. 더 큰 문제는 이런 문제에 관한 공감대조차 널리 형성되어 있지 않다는 점이다. 내 나라 영토를 넓힌 광개토대왕은 위대한 정복군주, 도요토미 히데요시는 침략을 일삼은 요물이라는 식의 잘못된 역사인식이 팽배해 있다.

　역사교과서가 국익을 지나치게 강조하는 것은 유감이다. 싸구려 애국주의에 물든 역사학자들은 이에 편승하여 전쟁과 폭력까지 정당화한다. 그래서 각국의 역사분쟁은 끝날 조짐이 보이지 않는다. 역사문제에 관해 제법 견고한 공조체제를 구축한 듯 보이는 나라들 간에도 오히려 분쟁이 일어난다. 그 일례를 우리는 한·중 양국 간에 발생한 고구려사 논쟁에서 본다.

　2002년부터 중국은 5개년 동안 2조 원의 막대한 연구비를 쏟아부어, '동북공정'이란 대형 국책 연구과제를 추진하였다. 이 사업은 고구려의 역사를 중국 고대사에 편입시키는 데 목적을 두었다. 한국이 거세게 반발할 것은 미리 예측된 일이었다. 한국은 고구려의 존재를 절대 포기할 수 없는 입장이다. 한국의 영문 명칭 코리아Korea가 고구려라는 국호에서 유래된 사실은 누구나 아는 상식이다. 지금까지 간행된 동아시아의 모든 역사책에서도 고구려는 항상 한국사의 일부였다. 이런 관계로 고구려사를 뒤늦게 자국사에 편입시킨 중국의 조치를 한국인들은 용인할 수 없다.

중국의 억지는 오늘날 세계 각지에서 벌어지고 있는 역사분쟁의 본질을 적나라하게 보여준다. 역사분쟁은 대체로 일방적인 억지에서 시작된다. 하지만 그 승부는 시원스럽게 가려지지 못한다. 관련 국가들이 이전투구를 벌이는 가운데 역사적 진실이 실종되기 때문이다. 독도를 둘러싼 영유권분쟁도 그 본질은 똑같다. 사태를 더욱 구제불능으로 이끄는 것은 애국심에 눈먼 시민들의 외침이다. 자국 정부의 호령에 따라 꼭두각시놀음을 벌이는 역사학자들의 몰지각도 가관이다. 계관시인을 연상케 하는 이런 역사학자들이 허다한 세상이다.

고대부터 역사가들은 권력의 시녀 노릇을 담당할 때가 많았다. 19세기 서구에서 근대국가가 전성기에 이르자 많은 학자들은 역사학의 학문적 객관성을 부르짖으며 과학화를 추구했다. 그럼에도 근대의 역사학은 정치권력의 영향에서 완전히 벗어나지 못했다. '과거를 존재했던 실제 모습 그대로' 편견 없이, 객관적으로 서술하겠다고 다짐한 이는 독일의 실증주의 역사학자 레오폴트 폰 랑케였다. 그러나 그 역시 자신의 맹세를 충실히 지켜내지는 못한 것 같다. 그는 정치적으로 우파 부르주아 계급을 적극 지지했다. 덕분에 평생 동안 보수적인 국가권력과 아무 갈등도 겪지 않고 그 보호 속에 안주할 수 있었다. 나중에는 프로이센 국가발전에 기여한 공로로 작위까지 하사받았다.

랑케의 제자들 가운데 일부는 일본으로 건너갔다. 그들은 동경제국대학을 무대로 이른바 근대적 역사학을 전수했다. 그들의 지도 아래 실증주의 역사학을 배운 근대 일본의 역사가들은 이른바 그 국익을 위해 헌신하였다. 그들은 대일본제국의 영광과 발전을 위해 자국사는 물론, 이웃나라인 한국과 중국의 역사까지 조작해댔다. 악명 높은 황국사관과 식민사관이 그렇게 탄생하였다.

근대역사학의 타락은 히틀러의 독일제국이나 스탈린의 소비에트 연방에서도 여실히 목격되었다. 19~20세기 영국이나 미국, 프랑스 또는 이탈리아에서도 사정이 완전히 다르지만은 않았다. 그때 역사학의 다양한 흐름이 형성된 것은 사실이지만, 상당수 역사학자들은 국가권력에 맹종하였다. 해방 뒤 남북한에서도 마찬가지였다. 역사학자들은 '자본주의 맹아론' 등을 내놓으며 국가가 추진한 근대화 프로젝트를 측면에서 지원하였다. 정권과 대결하지 않는 모든 역사학자를 어용이라고 싸잡아 비난할 수는 없다. 나는 다만 그들이 비민주적이고 권위적인 정권의 요구를 순순히 따랐다는 사실을 지적할 뿐이다.

세상의 권력자들과 역사학자들은 역사의 정치적 이용가치를 너무도 잘 안다. 그래서 그들은 야합의 유혹에서 쉽게 빠져나오지 못한다. 이것은 '세계화'와 '자유무역', '다문화'의 구호가 난무하는 오늘날에도 변함없는 사실이다. 거듭 강조하지만 현대사회를 움직이는 가치관은 많은 시민들이 한물간 구시대의 유물로 간주하는 국가주의 또는 제국주의의 망령이다. 근대 민족국가의 이데올로기가 여전히 역사교육의 발목을 잡고 있는 것이다.

근대국가는 자연과학의 발전 위에 산업혁명을 이룩하였다. 빠른 속도로 계속된 산업화는 시장의 확대를 요구했다. 정치권력은 이를 빌미로 권력을 집중시켰다. 이것이 결국 제국주의 침략전쟁으로 비화했다. 세계 곳곳에서는 식민지 쟁탈전이 일어났으며, 결국에는 제1, 2차 세계대전을 낳고 말았다. 전쟁이 끝나자 전승국인 초강대국의 거대자본이 세계경제를 지배하였다. 근대의 역사학은 이러한 일련의 변화에 발맞추어, 일직선적 역사발전의 도식을 만들어냈다. 당연하게도 그들이 쓴 역사교과서에는 산업화 또는 근대화를 미화하는 내용이 지배적이다.

한국의 역사교과서도 예외가 아니다. 산업화 과정으로 수렴되는 정치·경제·문화적 제 현상이 긍정적으로 평가되어 있다. 무언중에 그런 것들이 국가와 민족의 이익으로 간주된다. 역사교과서 곳곳에는 부국강병을 의미하는 왕권강화와 중앙집권화에 대한 칭찬이 쏟아진다. 특히 한국사교과서에는 고대부터 20세기 초에 이르기까지 왕권강화라는 표현이 반복적으로 등장한다. 그러나 한국의 왕권이 그렇게 지속적으로 강화되었는지는 의심스럽다. 한국은 '군약신강'의 나라, 즉 임금은 권위가 없고 대신에 신하의 권력이 강성했던 나라로 알려져 있다.

우리 역사교과서는 도시, 상공업 및 각종 기술의 발전에 관하여 많은 지면을 할애한다. 하지만 18~19세기 서울은 동시대 중국이나 일본의 대도시들에 비해 그 규모가 비할 수 없이 초라하였다. 당시 한국에는 인구 10만을 넘는 도시도 거의 없었다. 그럼에도 불구하고, 우리 교과서는 도시의 대대적인 발전을 이야기한다. 실증적 자료가 결핍된 주장이다.

총체적으로 말해, 우리 역사교과서에는 각종 분야에서 산업화를 지향한 움직임이 지속적으로 나타났다고 기술한다. 웬만해서는 급속한 변화가 일어나기 어려운 농업분야에서 조차 생산기술이 간단없이 발전하고 생산력이 계속적으로 증대되었다고 한다. 그러나 농업생산성의 역사적 변천을 자신 있게 설명할 수 있는 학자는 아무도 없다. 요컨대 지속적인 성장과 발전을 앵무새처럼 노래하는 역사교과서의 서술이 과연 역사적 사실에 부합되는지 의심스런 부분이 적지 않다는 말이다. 근대주의자들의 희망사항에 불과한 허다한 주장들이 교과서에서는 마치 철저히 입증된 기정사실처럼 서술되어 있어 유감이다. 이 모든 것은 산업화 제일주의가 낳은 병폐다.

더 심각한 문제는 역사를 바라보는 시각의 편향성이다. 한국의 역사교과서는 모든 사건과 사실을 중앙권력의 입장에서만 서술한다. 자연히 서울에 관한 서술이 대부분이다. 지방에서 일어난 사건들은 기껏해야 중앙권력과 모종의 관련이 있을 때에만 겨우 한쪽 모퉁이에 등장한다. 중앙 중심 역사서술의 폐단이 이러하다. 혹자는 이를 변명하며 애국심을 키우기 위해 불가피하다고 말할는지도 모르겠다. 하지만 이것은 뼛속까지 국가주의적이고 서울 중심적인 발상이다.

더 이상 지방을 중앙의 식민지로 간주하는 일을 그만두어야 한다. 시민에게 국가와 민족의 발전을 위한 희생을 은연중 강요해서도 안 된다. 애국주의의 미사여구로 분칠된 민족주의 역사의 탈을 내던질 때가 되었다. 여태껏 관행적으로 지방과 대다수 시민을 타자화해 온 국가권력 중심의 역사관을 종식시킴이 옳다. 시민을 소외시키는 역사책은 결국 시민들에게 외면당하고 말 것이다.

제자리만 맴도는 역사교과서

오래전부터 역사교과서에 대한 크고 작은 비판이 쏟아졌다. 교육당국은 몇 년에 한 번씩 역사교과서를 개정함으로써 그 요구에 나름대로 대응했다. 하지만 개정된 교과서의 내용을 살펴보면 실소를 금하기 어려울 때가 많다.

지난 2011년 11월 8일, 중학교용 새 역사교과서의 집필기준이 발표되었다. 이번에도 그 집필원칙이란 것이 시민들에게 절망감을 안겨주었다. 그 기준은 시민의 비판과 시대의 요구를 수용한 것이 아니었기 때문이다. 그것은 소수의 권력집단 및 그들과 공생관계에 있는 기득권층의 정치적 이익만을 추구한 것이었다.

　새 교과서는 이승만, 박정희, 전두환과 같은 독재자들의 압제 행위를 구체적으로 언급하지 않아도 된다고 했다. 독재자들에 대해 일종의 면죄부를 발부하겠다는 속셈이 아니고 무엇인가. 또한 새 교과서는 세계 각국의 민주시민들이 경탄한 1980년대 한국의 민주화운동에 대해서도 서술을 간략히 하라고 주문한다. 민주화운동의 꽃이라 할 5·18 민주화운동과 6월 민주항쟁은 아예 언급하지 않아도 좋다고 했다. 이 역시 기득권 세력인 보수우파의 정치적 편견을 드러낸 편향적 조치다.

　게다가 새 역사교과서는 그동안 시민사회의 관심거리였던 친일파 청산 문제도 슬그머니 내려놓았다. 진보진영이 주도한 역사 바로 세우기 운동을 근원적으로 부정하고 식민지 근대화론을 정설로 인정하겠다는 의지 표명으로 읽힌다. 이쯤에서 우리는 현 정부가 주도한 교과서 개정작업이 무엇을 향한 것인지를 뚜렷이 알게 된다. 보수 우경화다. 고작 이것이 교과서 개정의 목적이었다니 어이가 없다.

　이번 교과서 개정의 화룡점정畵龍點睛은 '자유민주주의'라는 용어의 부활이다. 이것은 본래 박정희 독재정권이 애용한 정치구호였다. 민주화와 더불어 사라져 간 독재정권의 슬픈 유산인 셈이다. 현 정권은 이것을 되살려냈다. 국가적 정체성을 확립하기 위해서라고 둘러대지만 설득력이 없다. 정부는 또 대한민국의 국가적 정통성을 강조하기 위해 이 나라야말로 유엔이 인정하는 한반도의 유일한 합법정부라는 점을 교과서에 명시하겠다고 다짐했다.

정부가 마련했다는 이러한 집필기준은 한국현대사학회의 주장을 그대로 수용한 것이다. 한국현대사학회는 2011년 5월 뉴라이트 계열이 창립한 보수학술단체다. 그들은 오래 전부터 식민지 근대화론을 주장해 왔다. 또한 그들은 독재 정권의 산업화 정책을 미화하는 반면, 민주화운동의 가치는 폄하했다. 화해와 평화통일을 향한 남북한 당국의 노력도 비방하기 일쑤였다. 그런데도 현 정권은 정치적 코드가 통한다는 이유만으로 그들의 이와 같은 주장을 무비판적으로 수용했다. 비판을 면하기 어려울 것이다.

위에 소개한 집필기준은 문제투성이다. 우선 우리나라가 유엔으로부터 인정받은 합법정부인 것은 사실이지만 '한반도의 유일한' 정부라고 고집할 일이 아니다. 1991년 9월 17일 남북한은 유엔에 동시 가입했다. 이후 서로의 국체를 인정하여 기본합의서를 작성하였고, '정상회담'까지 열었다. 이런 마당에 한반도의 유일한 합법정부 운운한다고 해서 그것이 국가적 정체성의 확립에 무슨 도움이 된단 말인가.

'자유민주주의'라는 용어를 고집하는 것은 더 큰 문제다. 건국 시기 이승만을 비롯한 보수 정치세력들은 단 한 번도 '자유민주주의'라는 용어를 쓴 적이 없었다. 이것은 군사독재정권이 반공주의를 표방하면서 권위주의 정치체제를 옹호하기 위해 억지로 유행시킨 용어다. 그들은 이른바 '자유민주주의 체제'를 수호한다는 미명 아래 민주화운동을 탄압한 적도 많았다. 따라서 현재의 정치체제를 하필 '자유민주주의'라고 명명할 이유가 없다. 이처럼 불명예로 얼룩진 용어를 군이 고집할 이유가 어디 있는가.

'친일'과 '독재'의 청산은 근현대사의 중심과제였다. 시민들은 줄곧 이런 문제와 씨름하면서 힘겹게 민주화를 이룩했다. 한국의 민주화는 시민사회에 정체성을 부여한 역사적 사건이었다. 그런데도 현 정권은 이를 무시한 채 역주행만 고집하는 꼴이다.

새 교과서 집필기준에 관한 현 정권의 태도를 바라보면서 여러 착잡한 생각들이 교차했다. 우선 교과서를 대하는 정치권력의 미성숙한 자세가 문제다. 이 정권은 왜, 시민과 전문가들이 상의하여 자율적으로 새 교과서를 만들 수 없게 제한하는가? 자신들의 정치적인 취향에 맞지 않는다고 교과서를 함부로 뜯어고친다면, 그것이 과연 얼마나 오래 가겠는가. 어차피 정권이 바뀌면 또 바뀔 것 아닌가. 현 정권의 몰상식이 학문의 자유까지 제한해 가며 정파적 이해관계를 관철시키는 철면피함에까지 이르렀다. 안타까운 일이다.

또 하나, 명백한 사실이 있다. 어느 누구도 역사해석을 독점할 권리는 없다. 왜 우리 사회는 이렇게 기본적인 상식마저 어기는가? 사실관계를 잘못 서술한 것이 아니라면, 역사해석은 다양할수록 좋은 것이다. 다양한 해석이 담긴 여러 종류의 교과서가 있다면, 시민사회의 문화적 역량은 한층 배가될 것이다. 정권 차원에서 군이 특정한 견해를 내세워 교과서의 저술지침을 강요할 이유가 없다. 말로만 다종다양한 검정교과서를 허용한다고 떠드는 것은 유감이다.

끝으로, 정말 유감스런 일이지만 이번의 역사교과서 개정 준비 작업은 바람직하지 못한 악습을 되풀이하였다. 누누이 지적했듯, 역사책을 온통 국가와 민족 위주로만 서술하는 것은 구시대의 관행이다. 시민의 삶이 전개되는 주요 무대는 가족과 마을이라는 실명實名의 소집단이다. 이런 사실을 깡그리 무시하면 곤란하다. 그러나 현 정권은 교과서의 집필기준을 마련하면서 문제점을 고민한 흔적이 별로 없다.

해방된 지가 벌써 60여 년인데, 우리의 역사교육은 아직도 깜깜한 밤중이다.

녹색이라야 한다

발상의 전환이 절실히 요구되는 시점이다. 이제 시민들이 역사교과서에 대한 의견을 널리 개진하면 좋겠다. 그리하여 근대역사학의 감옥에서 스스로를 해방시키면 어떨까. 이와 관련하여 기꺼이 제안하고 싶은 몇 가지 사항이 있다.

그 하나는 위에서 말한 대로 근대역사가 타자화한 다수 시민의 권리를 되살리자는 것이다. 중심을 과감하게 파괴하는 용기가 필요할 것이다. 실명의 개인, 억압된 젠더, 그리고 소규모 공동체를 역사의 무대 중심으로 불러내는 작업이기 때문이다. 이런 시도를 미시사Microhistory로 이해해도 무방하다. 이로써 우리는 자본과 국가권력에 의해 유린되어 온 시민적 가치를 회복할 수 있다. 더 구체적으로 말해, 이제 평범한 시민가족의 역사, 마을공동체의 역사적 경험으로 역사교과서를 채우는 것이다. 그것도 구색 맞추기로서가 아니라 당당한 서사적 골간으로 삼자는 것이다.

또 하나의 새 길이 있다. 시민들의 일상생활이 역사서술에서 중요한 위치를 차지하는 것이 옳다. 근현대사 교과서라면 대중매체인 신문과 방송, 녹음기록과 영화 및 동영상, 증언과 인터뷰 그리고 사진앨범 등의 다양한 기록물이 중시될 것이다. 새 역사교과서에서는 이런 자료들이 큰 비중을 차지하도록 배려했으면 한다. 역사적 텍스트의 범위를 더욱 확장함으로써 우리는 역사적 진실의 복합적이고 다양한 층위를 더욱 사실적으로 이해할 수 있다. 독일 작가 알프레트 되블린의 소설 『베를린 알렉산더 광장』에서 체험하게 되는 절절한 일상의 역사가 부럽기만 하다.

위의 두 가지 제언을 포괄하는 더욱 본질적인 변화도 시도할 가치가 있다. 지금 나는 인간의 역사적 활동을 바라보는 시각 자체의 질적 변화를 촉구한다. "네가 곧 나임을 깨달았다"는 무위당 장일순(1928~1994)의 말이 떠오른다. 이 말을 하나의 비유로만 이해하는 것은 불충분하다. 이것은 액면 그대로 엄연한 진실이다. 생태계는 유기적이다. 겉보기에 상당한 독립성을 유지하고 있는 것처럼 보이는 인간과 각종 사물이 실상은 상호불가분의 유기체들이다. 인식의 유기적인 전환이 요청된다. 이로써 우리는 정체의 늪에 빠진 역사교육의 새로운 향방을 결정할 수 있다.

요컨대 생태 위주의 인식전환을 통해 우리는 근대적 역사학의 신념인 '역사적 진보'의 굴레에서 벗어날 수 있다. 생태계의 가치를 왜곡하고 그 질서를 파괴하는 데 이론적 바탕이 되었던 근대역사학을 초극할 수 있다는 말이다. 때로 인간의 사고와 행동은 여럿의 운명을 좌우할 만큼 위력적이다. 그러나 체르노빌과 후쿠시마의 참극에서 보았듯, 인간의 오만과 자기 과신은 자기 파괴의 한계를 넘어 생태계마저 위협한다. 녹색 역사교과서는 시민들에게 이러한 사실을 널리 알림으로써 생태계와의 관계를 회복할 기회를 제공할 것이다.

　　생태의 관점에서 역사를 서술하고 가르친다면 우리 사회에 어떠한 변화가 일어날 것인가. 우선 백해무익한 핵발전을 중단할 용기가 생길 것이다. 평화로운 4대강의 바닥을 마구 파헤치는 무모한 짓 따위는 결코 용납되지 않을 것이다. 사회를 메마르고 병들게 하는 살인적인 무한경쟁의 사다리에서 스스로 내려오지 않을 수 없다. 삶의 가치를 금전으로 환산하는 오류도 시정하게 되며, 줄기세포 배양 등을 통해 영생을 얻고자 하는 그 헛된 꿈에서 드디어는 깨어나게 될 것이다.

　　삶의 기쁨은 적당한 절제와 인내에서 비롯된다. 근대가

광풍처럼 몰고 온 산업주의는 이 오래되고 평범한 진리를 앗아갔다. 그와 더불어 가난했지만 평온하였던 모습도 잃어버렸다. 대신 끝없는 불안과 불신의 가위눌림이 이어지고 있다.

생태주의와
한국사

우리 사회를 지배하는 자본주의적 가치는
대다수 인간을 행복하게 만들기는커녕 파멸로 이끄는
'악마의 맷돌'이다. 이처럼 중차대한 사실을 깨닫게 하는
역사교과서가 필요하다. 그것이 하필 국가권력이 편협하게 재단한
한국사교과서이어야 할 까닭은 전혀 없다.

2013년 여름의 일이었다. 그때부터 한국 사회에는 고등학교용으로 저술된 '교학사'의 한국사교과서를 둘러싼 논란이 거세게 일었다. 돌이켜보면, 이른바 역사교과서의 '국정화'가 그때부터 시작되었다. 도대체 역사란 무엇이길래 이렇게 시끄럽고 복잡한 논란이 일어나는 것일까? 이 글은 이 사건이 일어난 것을 계기로 삼아, 한국사에 관한 몇 가지 문제를 생태의 관점에서 검토한 것이다.*

역사란 곧 과거의 기억과 그에 대한 평가이다. 문제는 사람들마다 처지가 달라 과거에 대한 생각이 다르기 마련이란 점에서 비롯된다. 근대국가는 이런 사실을 간단히 무시했다. 정치적 목적 때문이었다. 그들은 '국민통합'을 빙자하여 모든 시민에게 하나의 일치된 기억을 강요하였다. 그들이 역사교과서를 만든 것은 이 때문이었다.

대한민국의 사정 역시 다르지 않다. 건국 이래 한국의 역

---

* 이 글은 『녹색평론』 133호(2013년 11-12월)에 실린 나의 글 「생태주의자가 본 '교학사' 한국사교과서 문제」(49~62쪽)를 약간 수정한 것이다.

대 정부는 '민족사의 정통성'을 내세우며, 각급 학교를 대상으로 표준화된 한국사교육을 고집했다. 바른 한국사교육으로 민족정신을 앙양하겠다던 역대 정부의 반복된 주장을 곰곰 생각해 보면, 그것은 일종의 세뇌행위, 즉 국가적 폭력이었다. 지금 전개되고 있는 역사교과서 논쟁의 근본 성격도 그러하다. 정확히 말해, 이 교과서 논쟁은 우경화로 치닫는 권위주의적 국가의 폭력적 실체를 증명한다. 내가 교과서 문제에 관심을 가지는 까닭이 바로 그 점에 있다.

생태주의의 입장에서 나는, 한국사교과서의 문제점들을 고발해 왔다. '과잉산업화'와 '경제성장'을 역사의 필연적 과제로 잘못 인식하는 한, 한국사교과서는 위험천만이다. 역사교과서가 반강제적 '국민통합'의 수단이어서는 곤란하다. 역사는 시민의 '역사적 통찰'을 돕는 교과목이어야 한다. 역사는 개인의 경험적 한계치를 넘어, 인식의 지평을 전방위로 확장하는 학문이다. 그러므로 역사교육은 시공을 초월한 생태적 다양성과 평화공존의 가치를 성찰하게 도와주는 교육 활동이 될 때 존재 의미가 있다. 내가 소망하는 '녹색'의 역사교과서는 지역공동체마다 그 형태와 내용을 달리하는 것이다. 전국 어디서나 공통으로 사용될 것을 전제로 한, 현행의 표준화된 역사교과서를 나는 반대한다. 현행 교과서로는 학생들이 탈근대와 생태적 다양성의 소중한 의미를 배울 수 없다. 소규모 공동체의 다양한 요구에 부응하는 새로운 역사교과서들이 출현하지 않으면 안 될 이유는 분명하다.

그러나 한국사학계는 생태주의 역사교과서 따위는 완전히 도외시하고 있는 형편이다. 이 시대를 대표하는 역사가들은 근대국민국가의 충복에 불과하다. 그들이 공들여 쓴 한국사교과서는 좌우를 막론하고 '대한민국 국민의 관점에서 보는 한반도의 역사'다. 검인정이라고는 하지만 사실상 정부가 정한 지침에 따른 표준화된 역사책들이다. 이를 통해 역사가들은 한국 국민 모두에게 공통된 역사적 기억을 강요하고, 이로써 국가공동체의 영속을 도모한다. 나는 이것을 학문적 권위주의에 토대한 일종의 지적 폭력이라 생각한다.

'국민통합'과 '역사적 통찰'의 갈림길

일찍이 발터 벤야민은, "결을 거슬러 역사를 솔질하는 것이 자신의 과제"라고 선언했다. 그렇다. 국가권력이 그 충복

들을 동원해서 제작한 표준화된 역사의 '결을 거스르지' 않고서는, 역사의 진정한 의미를 통찰할 수 없다. 자연발생적으로 형성되는 공동의 기억이라면 모를까, 이것을 국가가 앞장서 인위적으로 만드는 행위는 그 자체가 폭력이요, 범죄적 행위다.

그러나 우리 현실은 과연 어떠한가? 한국사교육은 '국민통합' 또는 '민족통합'을 목표로 설정하고 있다. 더구나 '교학사'의 한국사교과서는 과거 한국 사회를 어둠에 빠뜨린 부당한 폭압과 배제의 역사를 망각하고, 일제강점기부터 군사독재시대에 이르기까지 이어진 군국주의와 권위주의적 행태의 본질을 외면했다. 그들은 독재세력이 추구한 '과잉산업화'의 역사를 찬양하면서 '국민통합'을 부르짖는다. 여기서 나는 조지 오웰의 유명한 명언을 떠올린다. "현재를 지배하는 자가 과거를 지배하며, 그들은 과거를 통해 결국 미래까지 지배한다." 스스로를 '과잉산업화'의 일등공신으로 믿고 있는 보수기득권층, 그들은 현실을 지배하는 것으로 만족하지 못한다. 그들은 자신들의 지배를 영속화하기 위해 과거마저 전유하려는 억지를 부리고 있다.

'교학사'의 한국사교과서 논쟁, 쟁점은 무엇인가

2013년 현재, 고등학교용 한국사교과서는 7종이다. 모두 검인정을 거친 것이다. 이들에게 그나마 장점이 있다면, 그것은 독재권력을 강력히 비판하고 '민주화운동'을 적극적으로 평가했다는 점이다. 또한 대기업의 성장과정을 비판적으로 검토하여 '정경유착'과 '부정부패'의 잘못을 따진 것도 다행스런 점이다. 비록 생태적 가치를 고양하는 데까지 이르지는 못했지만, 현행 교과서들은 민주주의와 사회정의의 중요성을 일깨운 점에서 긍정적으로 평가될 만하다.

'교학사'의 한국사교과서는 현행 검인정교과서의 장점에 대한 기득권층의 불만에서 비롯되었다. 통상 '우파' 또는 '뉴라이트'로 불리는 그들은 현행 교과서들이 '좌편향'이라고 비판한다. 대기업을 헐뜯음으로써 청소년들에게 기업가 정신을 키우지 못할 우려가 있고, '민주화운동'을 무분별하게 치켜세움으로써 그 가운데 내재한 친북한적 태도를 은연중 찬양했다는 식이다. 안병직(서울대 명예교수)은 과잉산업화를 통해 다져진 한국 기득권층의 역사인식을 다음과 같이 대변한다. "대한민국의 건국은 자유민주주의 체제를 세웠고 산업화는 중산층을 창출하고 국가의 번영을 가져와 자유민주주의 발전에 크게 기여했다. 그러나 기존의 한국사교과서에는 이런 부분이 제대로 서술되지 못했다." '교학사'의 한국사교과서에 대해서조차 안 교수는 불만을 표시한다. '민주화운동'이 과대평가되었고, 이승만 정권 때 제정된 최초 헌법의 가치가 과소평가되었으며, 박정희 정권이 선도한 경제개발계획이 제대로 설명되지 못했다는 불만이다. 요컨대 기득권층 일각에서는 '교학사' 식 서술로도 아직 만족할 수 없다는 것이다.

하지만 기득권층의 상당수는 '교학사'의 한국사교과서를 흡족해 한다. "저들(=좌파)이 농단해 오던 역사 및 정신문화 영역을 바로잡으려는 역사학자들이 '한국현대사학회'를 결성하고 대한민국의 근·현대사를 바로잡기 위해 '교학사교과서'를 편찬하였다"는 평가다.(바른역사국민연합 창립선언문) 2013년 9월 27일 발족한 '바른역사국민연합'은 '교학사교과서'를 지키기 위한 기득권층의 노력을 증명한다. 기득권층은 이 교과서의 등장으로 기성 교과서의 좌편향성이 극복될 전기가 마련되었다고 평가한다. 이제야말로 대한민국의 '건국'과 '산업화'의 역사가 바른 평가를 얻게 되었다는 것이다.

권희영(한국학중앙연구원 교수) 등이 집필한 '교학사'의 한국사교과서는 2013년 5월에 실시된 1차 검정 때부터 사회적 관심사였다. 당시 이 책은 조건부로 검정을 통과했지만 그에 대한 비판은 거셌다. 다수의 역사학자들이 이 책에 포함된 사실 및 인식의 오류를 지적하였다. 여러 시민단체들도 장차 이 교과서가 검정을 통과하면 불매운동을 벌이겠다고 벼렀다.

그러나 '교학사'의 한국사교과서를 지키려는 기득권층의 움직임은 각별했다. 일곱 명의 전직 교육부 장관과 역사학계의 원로 학자들이 연명으로 '교학사'의 한국사교과서를 옹호하는 성명을 발표했다. 역사가 바로 서야 민족정신이 바로 서고 국민이 하나될 수 있다는 식의 진부한 주장을 내세우며, 기득권층은 '교학사'의 한국사교과서에 대한 지지를 천명하였다.

'진보진영' 또는 '좌파'로 불리는 역사가들은 '교학사' 교과서의 친일 및 독재 미화를 공격의 쟁점으로 삼았다. 문제의 교과서는 일제의 각종 수탈과 '위안부'의 강제동원에 대해서도 미온적이다 못해, 일본 제국주의를 두둔하는 것 같은 태도를 보였다. 일본의 『산케이신문』(2013. 9. 22)은 칼럼을 통해, "'교학사'의 새 교과서가 (…) 한국의 공식사관이 가장 혐오하는 '식민지 근대화론'을 채택했다"고 평가했다. 일제의 식민지배가 한국의 근대화에 기여했다는 식으로 요약되는 '식민지 근대화론'은, 일본 극우파들의 역사관과 일치한다. 게다가 '교학사'의 한국사교과서는 악명 높은 독재자 이승만과 박정희의 업적을 긍정 일변도로 서술했다. 당연히 문제가 될 수밖에 없다.

그러나 보수층은 진보진영의 비판에 격렬하게 저항했다. 해방 직후 최빈국이었던 대한민국이 세계 12위의 경제대국으로 발전하고 민주화까지 이룬 것은, 이승만과 박정희의 공이 컸기 때문이라는 반박이다. 설사 왕조시대라 해도, 한 시대의 치적을 군주 한 사람의 공으로 돌리는 것은 납득하기 어렵다. 하물며 20세기 후반에 일어난 역사적 변화를 독재자의 공로로 간주한다면 과연 얼마나 설득력이 있을지 의문이다.

교과서를 둘러싼 좌우 진영의 대립을 지켜보는 시민들의 마음은 불편하다. 많은 시민들은 이 기회에 좌우통합의 교과서를 만들라고 주문한다. 서로 공통되는 부분도 없지 않을 테니, 양측이 합의하라는 것이다. 만일 합의하기 어려운 부분이 있다면 이견을 모두 명기하면 된다는 입장이다. 역사학자들이 소통과 타협의 문화를 만드는 데 앞장선다면 장차 남북의 대립을 극복하고, 계층 및 지역 간의 대립구도 역시 해결의 전망이 설 수 있다는 주장이다.

그러나 조금 더 생각해 보면, 설사 양측이 대화에 나선다해도 견해 차이가 쉽게 해결된다고 보기는 어렵다. 일례로 '뉴라이트'의 이승만 평가는 극단적으로 우호적이다. "그는 한국 독립운동사상 보기 드물게 지성적인 정치가였다. 한반도를 둘러싼 국제정세의 흐름을 정확하게 파악하는 형안을 갖추었고, 해방 후 혼란상태의 남한 국민에게 비전을 제시하"였다는 식이다.(유영익 전 국사편찬위원장, 『이승만 대통령 재평가』, 연세대출판부, 2006) 이것은 좌파로 불리는 민족문제연구소의 인식과 천양지차다. "그는 사적인 권력욕을 채우기 위해 독립운동을 했고 출세를 위해 수단 방법을 가리지 않았다." 심지어 이승만은, "미국 워싱턴포스트와의 인터뷰에서 일본의 식민지배가 한국을 발전시켰다고 말했다"(동영상 〈백년전쟁〉(2012)에서)고 했다.

여러 해째 벌어지고 있는 한국사교과서 논쟁에서는 역사적 사실에 입각한 대화란 사실상 실종되고 말았다. 양측은 극한적인 언어폭력과 집단행동을 일삼고 있다. 그들이 서로 합리적인 대화를 할 수 있다고 전망하는 것 자체가 무리한 일이다.

역사교과서의 문제점들

사태가 이렇게까지 악화된 데는 진보와 보수 양쪽 모두에 책임이 있다. 그러나 그 경중을 따져보면 보수, 즉 기득권층의 책임이 훨씬 크다. '교학사'의 한국사교과서는 기본적인 관점부터가 문제투성이다. 약소민족은 강대국에 기대어 살 수밖에 없다는 식의 식민지시대 서술만 해도 그렇다. 이야말로 자학적이고 패배주의에 젖은 발상이 아닌가. 게다가 이 책은 한국 사회의 역사적 성취를 이승만과 박정희를 비롯한 일부 권력자의 지도력으로 돌렸다. 전근대적 영웅사관을 방불케 하는 인식이다.

제1심에 참가한 역사학자들로부터도 들은 이야기지만, '교학사' 교과서는 오류투성이였다. 2013년 9월 10일, 한국역사연구회·역사문제연구소·민족문제연구소·역사학연구소 등이 공동으로 조사한 결과, 무려 298건의 역사적 사실관계 오류와 편파적 해석이 발견되었다고 한다. 그 가운데 사실관계 오류만도 124건이라 한다. 이이화(역사학자)의 지적에 따르면, 사실 왜곡의 수준이 가관이다. 고구려의 뿌리인 부여를 한반도로 오인했고, 일본인이 말하는 '국어', 즉 일본어를 조선어라고 간주했을 정도다. 김육훈(역사교육연구소장)

역시 '교학사'의 한국사교과서의 문제점을 정밀하게 진단하였다. 사실 오류도 많지만 출처도 분명하지 않은 자료를 마구 동원했다고 하였다. 또한 학생들의 수준을 고려하지 않은 채 어려운 개념을 함부로 동원했고, 필자들의 견해를 학생들에게 일방적으로 주입하려고 했다는 것이다.

이 밖에도 많은 학자들이 '교학사'의 한국사교과서를 정면에서 비판했다. 그 가운데 대표적인 것은 지수걸(공주대 교수)의 분석평가였다. 그의 논점은 세 가지로 요약된다. 첫째, 문제의 교과서는 현행 한국사교육과정과 어긋난다는 점이다. 정부의 고등학교 한국사교육과정은 '한국사의 정체성'을 '민족사'라고 규정하였으나, 문제의 교과서는 대한민국만을 강조함으로써 민족사의 성격을 저버렸다는 것이다.

둘째, 현행 교육과정은 한국사의 '성취'뿐만 아니라, 그 '한계'에 대해서도 '주체적이고 비판적인 이해'를 강조한다.(『사회과 교육과정』, 69쪽) 그러나 '교학사'의 한국사교과서는 성취에 초점을 둔 데다, 그마저도 이승만과 박정희에게 치중하였다는 비판이다. 또한 도무지 문제도 될 이유가 없는 독재체제에 대한 비판을, 문제의 교과서는 대한민국 또는 헌법에 대한 정면 도전 또는 부정으로 매도하였다는 점도 지적되었다. 이이화와 전우용 등도 '교학사'의 교과서가 헌법을 무시했다고 말한다. 가령 전우용은 헌법에 명시된 3·1정신과 4·19정신, 그리고 정의와 인도 및 민주의 이념을 '교학사'의 한국사교과서가 무시했다고 비판했다.

셋째, '교학사'의 한국사교과서는 '필연론'을 무기 삼아 역사를 함부로 평가했다는 것이다. 그들은 한국이 식민지로 전락한 것도 필연으로 보아, '협력주의'니 '융합주의'니 하는 신조어까지 만들었다. 정체불명의 '총체적 친일론'도 꺼냈다. 뿐더러 이승만과 박정희 독재정권에 대해서도 자유민주주의 체제를 수호하기 위해 어쩔 수 없었다는 억지 변명을 늘어놓았다.

비판이 쏟아지자 문제의 교과서를 공동집필한 필진들도 동요하였다. 2013년 9월 27일, 필진 가운데 현직교사 세 명이 집필자 명단에서 빼달라고 요구했다. 그러나 '교학사'의 역사교과서가 중도 폐기될 가능성은 처음부터 희박했다. 관계당국이 이 교과서에 각별한 애정을 가지고 있기 때문이었다. 교육당국은 교과서 채택시기까지 변경해 가며 특혜를 베풀었다. "원래는 10월 11일까지 채택해야 하는데, 교학사 교과서가 워낙 오류가 많아서 한 달을 늦춰주겠다니 이건 그쪽에 대한 특혜가 아닌가."(도면회, 대전대 교수) 수준 미달의 '교학사' 교과서를 당국이 검정에 통과시켜 놓고는 별 문제

도 없는 정상적인 교과서들까지도 문제가 있는 것처럼 취급한다는 불평도 나왔다.(한철호, 동국대 교수)

생태주의의 입장에서, '교학사'를 비롯한 현행 한국사교과서의 문제점을 나는 세 가지로 지적하고 싶다. 첫째, 민족주의 또는 국가주의의 성향이다. 문제의 책자뿐만 아니라 '뉴라이트' 전반이 다 해당되는 문제이다. 심지어는 그들을 비판하는 진보진영 역사학자들의 교과서들도 역시 빠져나갈 수 없는 전반적인 문제점이다. 현대 한국처럼 자국사의 교육목표를 '국민통합' 또는 '민족통합'에 둘 경우, 이러한 문제점은 필연적이다. "역사가 바로 서야 국가·사회의 미래가 보장된다. 역사가 바로 서야 분열과 대립, 갈등과 반목이 치유될 수 있다"(바른역사국민연합 창립선언문)는 주장은, 기실 우파만의 견해가 아니다.

지수걸을 비롯한 좌파 역사가들은 문제의 '교학사' 교과서가 민족주의의 흐름에서 벗어나 있다고 지적했다. 이것은 다소 피상적인 관찰 결과가 아닐까 한다. 문제의 교과서가 일제의 식민지 통치방식이나 '위안부' 문제 등을 다소 미온적으로 다뤘다고는 하지만 민족주의를 포기했다고 말하기 어렵다. 우파의 새 교과서가 대한민국의 영광을 그리는 데 그쳤다고 비판하는 좌파들의 주장은 과장된 것이다. 좌우를 막론하고 한국사학계 전반이 민족주의에 중독되어 있다는 진단이 옳다.

둘째, 한국사교과서의 또 다른 문제점은 과도한 자기 미화다. 우파는 대한민국이 자유민주주의 이념을 토대로 건국되어, 지난 60여 년간 산업화와 민주화를 이룩하고 높은 수준의 교육과 문화를 발전시켰다고 주장한다. 이를 '위대한 현대사'라고 일컫는 데서 기득권층의 속셈을 볼 수 있다. 그러나 좌파의 자기 미화도 마찬가지다. 그들은 이른바 한민족의 과거를 미화하여 평화만을 숭상하는 이상적인 공동체가 역사적으로 실재한 것처럼 서술하고 있지만, 그 역시 믿기 어려운 사실이다.

끝으로, 좌우 양측은 과잉산업화를 당연시하는 공통점을 가지면서도 각자의 정치적 목적을 추구하는 데 여념이 없다. 우파는 좌파를 '종북 좌파'라고 몰아붙이지만 사실무근이다. 그들은 좌파가 쓴 기존의 역사교과서를 '급조된 민중사관'이라고 비판한다. 그러나 좌파의 역사서술이 과연 민중중심의 역사서술이란 말인가. 좌파의 역사서술 역시 도시중심, 산업중심, 남성중심을 벗어나지 못하였다. 그럼에도 우파는 좌파를 궁지에 빠뜨리기 위해 억지 주장을 늘어놓는다. 즉, 좌파는 대한민국을 "태어나지 말았어야 할 나라"로

낙인찍고 김일성 전체주의를 정통성 있는 체제로 미화시켰다는 것이다.

'역사전쟁'을 넘어 '문화전쟁'(=문화투쟁)으로

우파는 지금 역사논쟁의 폭을 확대하는 데 몰두한다. 그 까닭은 무엇인가? 우파들에게서 몰매를 맞은 주진오(상명대 교수)는 소셜미디어를 통해 이렇게 말했다. "역사교과서가 나올 때마다 되풀이되었던 시비 가운데 이번 싸움이 가장 치열한 것 같다. 당연히 그 이유는 단지 교학사 교과서 때문이 아니라 이 정권이 작정하고 역사전쟁을 벌이려 하기 때문이다. 그동안 대체로 미온적이었던 민주당이 이번에는 대단히 적극적으로 나서고 있는 이유도 거기에 있다."(주진오, '페이스북' 2013. 9. 29) 주진오는 현재 전개되고 있는 좌우파의 대립을 우파들이 기획한 '역사전쟁'으로 이해하고 있음을 알 수 있다.

민주당의 유기홍 의원 등은 2013년 9월 27일 오전 청와대 앞에서 '교학사'의 한국사교과서에 대한 검정 취소를 외치는 동시에, 유영익 국사편찬위원장 임명을 반대하는 기자회견을 열었다. 유 의원의 주장대로, 유영익은 이미 과거에 일제의 식민지배를 미화하는 '뉴라이트' 진영의 대안 교과서를 감수한 전력이 있고, 논쟁의 한가운데 있는 '현대사학회'의 고문이기도 하다. 그런 인물을 국사편찬위원회 위원장으로 기용하는 것은, 결국 검인정 한국사교과서 전체를 폐기하고 국정교과서 체제로 되돌아가려는 음모로 볼 수 있다. 한국 사회에는 권위주의로의 회귀현상이 날로 가속화되고 있기 때문이다. 과연 이러한 추측은 사실로 입증되었다. 2015년부터 박근혜 정권은 역사교과서의 국정화를 위해 몇 차례 무리수를 두었다. 이 문제는 아직도 현재진행형이다. '교학사' 사건이 더욱 치열한 '역사전쟁'으로 비화된 셈이다.

2013년 9월, 김육훈(역사교육연구소장)은 '교학사'의 새 교과서를 편들고 나선 정치세력이 하나의 '역사전쟁'을 수행하기 위해 학교 현장을 이념투쟁의 장으로 삼고 있다고 비판했다. 그는 논란의 본질이 '문제의 교과서'에 혜택을 주려는 권력기관의 의도에서 비롯되었다고 보았다. 요컨대 '교학사'의 한국사교과서 문제는 그 핵심이 국가권력에 의한 교육의 정치적 중립성 훼손에 있다는 지적이다. 권오현(경상대교수) 역시 한일 양국의 사례를 분석한 논문에서, 두 나라 모두 우파 성향의 정치세력이 정권을 잡으면 국가권력을 개입하는 적이 많았다며, "정부는 역사교과서 논쟁 문제에 대해

공정하고 중립적인 태도를 견지하며 역사서술에 대한 부당한 개입을 중단해야 한다"고 주장했다.

올바른 지적이었다. '교학사' 교과서의 필자 이명희(공주대 교수)는 단순한 '역사전쟁'을 넘어 '문화전쟁'(=문화투쟁)을 애초부터 염두에 두었다. 한국의 문화계에 대한 그의 진단은 이러했다. "좌파진영이 교육·언론·예술·출판·학계의 60~90퍼센트를 장악하고 있다. 현 국면이 유지되면 10년 내 한국 사회가 구조적으로 전복될 수도 있다." 이명희는 한국의 진보진영을 곧 종북 세력으로 취급하고, 그 타도를 부르짖었던 것이다. 어불성설이다.

문제는 이명희와 생각을 공유하는 기득권층이 다수 존재한다는 사실이다. "이들(=좌파)은 1990년대 역사해석, 문학-영화-엔터테인먼트에 이르기까지 영역을 확장했다. 그리고 이들은 인문학-사회과학-언론노조-방송과 신문-인터넷 포털에 이르기까지 자신들의 이념을 구현하기 위한 '문화 진지'를 구축했다. 이들이 만든 '문화 진지'는 '주류문화'가 없던 대한민국의 '문화권력'으로 성장했다. 우리는 지금 '교학사' 한국사교과서를 공격하는 '어둠의 세력'과 마주하고 있다."(박성현, 『뉴 데일리』 주필) 이 말의 장본인인 박성현은 '바른역사국민연합'의 주도적 인물로서 '교학사' 교과서를 수호하기 위해 앞장선 사람이다.

그의 말은 다음과 같이 이어진다. "우리가 할 일은 '공화'로 대변되는 '주류문화'를 창조해, '어둠의 세력'이 만들어낸 '문화권력'을 파괴하는 것이다." 여기서 확연히 드러난 바처럼, 기득권층은 '교학사' 교과서에 대한 진보진영의 공세를 빌미로, 전선을 확장하여 그 개념조차 애매한 '공화'共和의 가치로 무장한 보수 측을 이끌고 진보진영을 상대로 한 '역사—사상—문화전쟁'을 벌이겠다는 것이다.

그런 점에서 2013년 9월 27일 서울시 중구 프레스센터에서 열린 바른역사국민연합 창립기념식은 일종의 출정식이었다. 540개도 넘는 중도—보수 성향의 시민사회단체가 총연합하고, 그 가운데 원로 역사학자들을 비롯해 학계, 법조계, 언론계 및 종교계 인사들과 원로 정치인들이 포함되어 있다는 사실은 그 자체만으로 섬뜩하다. 창립대회에는 참석자 수가 300명을 넘었다고 한다. 권희영은 '교학사' 교과서의 집필자를 대표하여, "우리가 만든 '교학사' 한국사교과서를 매도하는 어둠의 세력이 있다. 그동안 외롭게 싸웠지만 이제 든든하다. 여러분들이 오늘 이렇게 모였다는 것만으로도 정말 큰 힘이 된다"고 감사의 뜻을 밝혔다.

기득권층의 결집에 고무된 주류 매체들은 교육현장을 이

념투쟁의 장으로 만들고자 노력하고 있다. 그들은 수만 명의 교사가 회원으로 가입한 합법조직체 전교조까지도 '종북'이라고 매도하며, '교학사'의 새 교과서 말고는 모두 종북 좌파의 교과서라고 일컫는다.

그러나 한국 사회에 진정한 의미로 좌파와 우파를 구별하는 이념상의 편차가 존재하기는 하는가. 의문의 여지가 있다. 좌우파는 모두 민족과 국가의 영광과 배타적인 이익을 내세운다. 그들은 모두 경제성장의 신화에 매달려 있다. '과잉산업화'에서 국가와 사회의 보랏빛 미래를 찾고 있다는 말이다. 그들 사이를 가르는 시금석은 친일과 독재를 바라보는 시각 차이 정도라고 할 것이다. 이것도 물론 차이라면 차이다. 그러나 그 정도의 차이 때문에 상대를 완전히 백안시한다면 좀 이상한 일이 아닌가.

내가 오랫동안 지켜본 유럽의 상황과는 참 많이 다르다. 거기에도 좌파와 우파가 엄연히 대립하고 있지만, 그들이 서로의 이념 차이 때문에 역사교과서를 빌미로 '역사전쟁' 또는 '문화전쟁'을 벌인 적은 없었다. 좌든 우든 어차피 한 사회에서 공존할 수밖에 없다. 게다가 현실을 지배하는 정치권력은 매번 선거 결과에 따라 바뀌기 마련이다. 사정이 이러한데 과연 '역사전쟁'이 왜 일어난다는 말인가. 더구나 자본주의적 세계관을 공유하는 한국의 보수와 진보가 '문화전쟁'을 운위하다니, 가당치도 않다.

한국 사회에 흐르는 좌우충돌의 난기류는 이성적으로 설명하기 어렵다. 이 문제의 근본적인 책임은 아마도 보수층의 미성숙한 태도에 있을 것이다. 그들은 상대방을 있는 그대로 바라보지 않고 권력의 독점을 위해 '마녀사냥'을 기획하고 있는 듯하다. 그들은 '건국'과 '산업화'를 한 축으로 삼아서, '민주화운동'을 '종북 좌파'로 매도하는 것이다. 이것은 결국 우경화다. 권위주의적인 반민주사회로의 퇴행인 것이다. 이미 경제성장의 신화를 잃어버린 기득권층은 시민들의 입과 손발을 꽁꽁 묶은 채 전쟁공포를 확산하며 계급적 이익을 노골적으로 추구할 우려가 있다. 이런 변화는 신자유주의체제하의 미국과 후쿠시마 사태 이후의 일본에서도 목격한 사실이다.

생태주의의 해법

우파는 '교학사'의 새 교과서 논쟁을 빌미로 문화계 전반에서 좌파를 축출하려는 '문화전쟁'을 중지해야 한다. 좌우

양측은 건전한 이성의 힘을 재발견해야 마땅하다. 상대방을 '종북' 또는 '친일 독재'로 규정하는 구습에서 벗어나야 한다. 학교 현장을 잘 아는 사람들은 오래전부터 기득권층이 함부로 상정하는 '종북' 성향의 위험한 교사들이 없다는 사실을 알고 있다. 물론 '보수 꼴통' 교사도 쉬 발견할 수 없다. 대개의 교사들은 다소 진보적이거나 다소 보수적일 뿐이다. 이것은 우리 사회 전반의 모습이기도 하다.

내가 아는 한 한국 사회에는 북한에 대해 무비판적인 시민이 없다. 그런가 하면 '민주화운동'의 역사적 가치를 전면 부정하는 시민도 눈에 띄지 않는다. 그에 비해 친일 문제를 바라보는 시각의 차이는 훨씬 크다. 그렇다 해도, 이완용이나 송병준 같은 매국노를 드러내 놓고 찬양하는 시민은 아직 보지 못했다. 우리 시민들의 가치관은 서로 총질을 해대야 직성이 풀릴 만큼 심각한 수준이 아니다. 따라서 우파들은 '문화전쟁'이란 흉기를 내려놓고 이성이 지배하는 토론의 장으로 복귀해야 한다.

아울러 시민사회는 정치세력의 주구로 변질된 무책임한 언론에 대해 그 책임을 물어야 한다. 특히 한국사교과서 문제를 한껏 부풀려 마치 한국 사회에 '문화전쟁'이 필연적인 것이라도 되는 것처럼 떠벌인 언론은 규탄받아 마땅하다.

하지만 이러한 나의 바람은 당장에 실현되기 어렵다. 지배권력이 원하는 것은 결국 권위적인 시절로의 회귀라서 그렇다. 그럼에도 불구하고, 나는 생태주의의 입장에서 금번의 교과서 논쟁을 계기로 '녹색' 교과서의 탄생을 더욱 간절히 염원하게 되었다.

일촉즉발의 위기상황을 연출한 '밀양 송전선' 문제도 그렇고, 제주 강정 문제도 결국은 잘못된 역사인식의 결과라고 믿는다. 경제개발 또는 지속적인 경제성장은 결코 필요악도 아니고, 가능하지도 않다. '과잉산업화'는 인류의 본질적인 재앙이다. 많은 역사교과서는 심지어 전쟁까지도 불가피한 것으로 치부하지만, 전쟁이란 국가권력 또는 거대자본의 이익을 위한 도구일 따름이다. 우리 사회를 지배하는 자본주의적 가치는 대다수 인간을 행복하게 만들기는커녕 파멸로 이끄는 '악마의 맷돌'이다. 이처럼 중차대한 사실을 깨닫게 하는 역사교과서가 필요하다. 그것이 하필 국가권력이 편협하게 재단한 한국사교과서이어야 할 까닭은 전혀 없다.

갑오동학농민혁명과
소농

1894년 동학농민혁명의 직접적 원인은
조정의 무분별한 개방정책에 있었다. 동학농민군의
주축은 소농이었고, 그들은 굳건한 마을조직을 기반으로
투쟁 역량을 강화했다. 그들이 동학의 이름으로
전면적인 사회개혁을 주장하게 되기까지는
하나의 뚜렷한 역사적 흐름이 있었다.

　　　　최근 한국의 현실은 1894년 갑오동
학농민혁명이 일어났던 시절과 여러모로 흡사하다. 위정자
들은 그때나 지금이나 자신들의 '정권안보'를 위해 사회 전체
의 이익을 무시하는 경향이 있다. 저들은 나라를 위해서 개방
정책을 추진한다지만, 그 진의는 의심스럽기 짝이 없다. 한국
사회는 갈수록 양극화되고, 정의는 실종되어 간다. 그리하여
1894년에 일어난 갑오동학농민혁명은, 아득한 시간의 장벽
을 넘어 오늘 일처럼 우리에게 다가온다.

　　그동안 갑오동학농민혁명에 관하여는 많은 연구업적이
쌓였다. 관련 문서들도 체계적으로 수집되었다. 구전으로만
전해 오던 숨은 이야기들도 채록되었고, 일본 측에 전하는
종군기록 역시 발굴되었다. 이 글은 이러한 선행연구에 의
지한다.*

　　그래도 이 글에 새로운 점이 있다면, 그것은 21세기 한국

---

* 이 글은 『녹색평론』 통권 135호(2014년 3~4월)에 실린 나의 글, 「동학농민혁명 120
주년에 소농을 생각하다」(2~18쪽)를 약간 손질한 것이다.

의 농업이라는 현실 문제를 염두에 두고 있다는 것이다. 나는 사실보다는 그에 대한 해석에 비중을 두었다. 결과적으로, 이 글에는 중고등학교 역사교과서 또는 교양 대중을 위한 한국사 개설서에서는 찾아보기 어려운 새로운 주장이 여기저기 등장한다.

특히 이 글에서는 한국의 위정자들이 추구해 온 섣부른 무역개방정책을 강도 높게 비판한다. 19세기 말 고종과 그의 측근세력은, 외세를 끌어들여 소농중심의 한국 사회를 파괴하였다. 그들은 소농중심사회의 미덕이었던 '사회적 합의'를 깨뜨렸다. 이로써 사회적 안정의 토대가 무너졌다. 그때 한국의 양심적 지식인들은 소농과 연대하여 동학, 즉 '후천개벽'後天開闢의 사회를 건설하고자 노력하였지만, 쓸데없는 일이 되고 말았다.

갑오동학농민혁명의 좌절은, 무엇보다도 내적 혁신의 가능성을 앗아갔다는 점에서 두고두고 뼈아픈 일이었다. 이후 한국 사회는 표류를 거듭했다. 처음에는 일제의 식민지로 전락했다가 결국에는 국토 분단이라는 비극까지 잇따라 겪었다. 그러고는 '과잉산업화'의 질곡에 빠지고 말았다. 이것은 지구 차원의 거대자본에 종속되는 것을 뜻했다. 21세기 한국의 농촌 현실은 비참하다. 한번 우리에게 들씌워진 역사적 굴레는 웬만해서는 벗어나기 어려울 전망이다.

조병갑 때문이었는가?

갑오동학농민혁명은 1894년 1월 전라도 고부군에서 시작되었다. 두어 달 전인 1893년 겨울, 전봉준全琫準(1855~1895) 등 수십 명이 두 차례에 걸쳐 고부군수 조병갑趙秉甲(1844~1911)에게 학정의 중지를 호소하였다. 그러나 아무런 효과도 없었다. 1894년 1월 9일, 농민들이 탐관오리로 규정한 조병갑이 고부군수에 재임명되었다. 그 이튿날이 되자, 전봉준은 1천 명의 농민들과 함께 고부관아로 쳐들어가 문제의 군수를 쫓아냈다.* 이것이 동학농민혁명의 시작이었다.

우여곡절을 거쳐, 1894년 3월 20일 동학농민군은 전라도 무장에서 제1차 기병을 선포하였다. 그들은 호남창의소를 설치하고, 전봉준을 대장으로 추대하는 등 군사조직을 편성

---

* 전봉준의 기병(起兵)을 그 아버지 전창혁의 억울한 죽음에서 찾는 경우가 더러 있다. 대표적인 것이 오지영의 『동학사』이다. 그러나 전창혁이 조병갑의 폭정에 항거하다가 목숨을 잃었다고 단정하기는 어려울 것 같다. 전봉준의 「공초」에 보면, 그는 개인적으로 국가에 대해 원한을 가질 일이 전혀 없다고 말하였다.

하였다. 4대 행동강령과 12개 조의 군기軍紀도 정하였다. '보국안민'輔國安民, 즉 나랏일을 도와서 백성을 편안하게 할 목적으로 군사적 행동을 시작한다고 외쳤다. 실상 그들은 기성체제를 전복할 생각이었다. 동학농민군은 승승장구했고, 1894년 4월 27일에는 전라도의 수도인 전주성을 함락했다.

겁에 질린 조정은 청나라에 구원병을 요청했다. 큰 실수였다. 이것을 빌미로 청국과 일본은 한반도에 군대를 파견하였다. 그해 5월 7일, 동학농민군은 외세의 개입을 막기 위해 조정과 평화적 협정을 맺고, 전주성에서 물러났다. 그래도 혁명은 계속되었다. 그들은 전라도 내 두어 곳에 도회소都會所라는 지역사무소를 설치하였고, 6월에는 도내 대부분의 지역에 집강소를 두어 농민자치를 벌였다. 농민들은 환호했다.

그러나 1894년 6월 21일, 일본군은 경복궁을 강제 점령하여 내정간섭의 신호탄을 쏘았다. 이틀 뒤 그들은 이 땅에서 청일전쟁을 시작하였다. 승기를 잡은 일본군은 그해 8월 재차 경복궁을 점령하고 친일내각을 구성했다. 한반도에 대한 그들의 지배권은 누구도 부정하기 어려웠다. 재집권을 노린 흥선대원군은 사람을 보내 동학군의 서울 진입을 요청했다.

전봉준은 그에 호응하여,* 9월 10일, 전라도 각지의 동학군을 삼례로 집결시켰다. 일본을 몰아내기 위해 동학군은 제2차 기병을 시작한 것이다.

1894년 9월 18일, 여태껏 전봉준 등의 무장투쟁을 못마땅하게 여겼던 동학교주 최시형崔時亨도 노선을 바꾸었다. 그는 전국의 동학도들에게 반외세 연합전선을 구축하라고 명령하였다. 각도의 동학농민군은 그에 호응하였다. 그러자 일본군은 관군과 함께 진압군을 편성해 동학군과 교전을 시작했다. 그해 11월 8일, 그들은 충청도 공주 우금치에서 동학농민군을 꺾었다. 큰 피해를 입은 동학군은 북진을 포기했다.

이미 청주까지 진격한 김개남 부대도 패전의 상처를 안고 후퇴했다. 이후에도 전국 각지에서는 끝까지 저항하는 동학농민군과 진압군 사이에 혈전이 잇따랐다. 그러나 대세는 이미 진압군 쪽으로 기울었다. 그해 12월 2일, 전라도 순창의 피노리에서 동학농민군 총수 전봉준이 체포되었다. 동학

* 대원군과 동학 지도부는 상당히 밀접한 관계였다. 1890년대 초반, 전봉준은 대원군의 문객(門客)이었다고도 한다. 어떤 역사가들은 전봉준과 대원군의 관계를 지나치게 의식한 나머지 동학농민혁명의 성격을 부정하고, 그 운동을 보수적이라고 자리매김한다. 그러나 이것은 역사적 사실을 지나치게 단선적으로 인식한 것이다. 서울에 정치 기반이 없는 전봉준이고 보면, 대원군을 정치적으로 이용할 뜻이 왜 없었겠는가.

농민군의 지도자인 손화중, 김덕명, 최경선 등도 붙들렸다. 1895년 3월 29일, 그들은 전봉준과 더불어 한날한시에 교수형에 처해졌다.

그해 4월 17일, 청일 양국은 일본의 시모노세키下關에서 강화조약을 체결하였다. 청일전쟁 역시 종지부를 찍은 것이었다. 이 조약으로 인해 일본은 청나라를 누르고 한반도에서의 패권을 국제사회로부터 인정받았다. 또한 일본은 전쟁배상금으로 은화 2억 냥이라는 막대한 금액을 청나라로부터 받아냈다. 당시 일본의 3년치 예산에 해당하는 막대한 금액이었다. 이것을 군비확장에 쓸어 넣으면서 일본은, 군국주의의 길로 더욱 깊이 빠져들었다.

동학농민혁명군이 진압되는 과정에서 수만 명의 동학농민군이 학살되었다. 동학은 재기 불능의 상태에 빠졌다. 고종을 비롯한 한국의 위정자들도 정치적 외상을 입었다. 그들은 외세에 의존해 동학농민군을 진압하였기 때문에, 권위를 상실하였다. 정권 탈환을 노렸던 대원군 역시 정치적 패배를 감수해야만 했다.

이 사건은 중국과 일본의 국운에 영향을 주기도 하였다. 청나라는 한반도에서 완전히 철수했고, 일본보다는 한 수 아래라는 굴욕적 평가를 감수해야 했다. 그러나 승리에 고무된 일본은 명실상부한 근대적 국민국가로 성장하였고, 한반도에 대한 침략야욕을 구체화하였다.

이 모든 오욕의 역사가 일개 고부군수 조병갑의 탐학에서 시작되었다? 그가 청렴하지 못한 지방관이었다는 사실은 틀림없다. 황현黃玹(1855~1910)은『매천야록』梅泉野錄에서, 조병갑이 부임하는 곳마다 뇌물을 탐했고 가혹행위를 저질렀다고 고발하였다. 증거는 충분하였다. 조병갑은 태인 현감이었던 자신의 아버지 조규순의 '영세불망비'永世不忘碑를 세운다며 1천 냥을 고부군민에게서 뜯어냈다. 이미 설치된 '만석보'萬石洑 아래 다시 '보'를 설치해 억지로 물값을 거둬들이기도 하였다. 면세를 조건으로 황무지 개간을 허락해 주고는, 나중에 말을 바꾸어 세금납부를 독촉했다. 돈 많은 백성들에게 불효, 음행, 잡기 등의 죄명을 씌워 재물을 약탈하기도 했다. 백성들 사이에서 불만이 터져 나올 것은 당연하였다.

그러나 이 모든 것이 사실이었다 해도, 고부군수 조병갑의 탐학을 지나치게 과장할 필요는 없다. 19세기 후반 한국 관료사회의 전반적인 부패 상황을 염두에 둘 필요가 있다. 어찌 보면 그는 한 사람의 평범한 탐관오리였을지도 모른다. 고부에 부임하기 전, 그는 이미 함양, 천안, 김해, 장흥 등지에서 지방관을 역임하였다. 그런데 수령으로서 그의 고과 성적은 도리어 우수한 편이었다. 함양군수 시절에는 치적이 많았다고 해서 송덕비까지 세워졌다. "백성들을 편하게 만들었고, 자신의 봉급을 털어 관청을 고쳤으며, 세금을 감해 주기도 하였다. (조병갑은) 곧은 마음으로 정사에 임했으므로, 사심 없는 그의 선정을 기리기 위해 (이 비석을) 세운다." 일반의 막연한 억측과는 달리, 조병갑의 송덕비와 그가 세운 조규순의 '영세불망비'는 아직도 건재하다.

조선시대에 건립된 '영세불망비'라는 것은 도무지 믿을 수 없는 것일까. 함양에 서 있는 송덕비의 내용이 옳다면, 조병갑은 탐관오리로 전락하고 말 저열한 인간이 아니었다. 그러나 고부에서 그가 많은 불법 및 탈법행위를 자행한 것은 엄연한 사실이었다. 역사 속 조병갑은 탐악한 저질관리이기도 했고, 청렴한 모범관리이기도 했다. 19세기 한국 사회는 이런 이중성을 양립시킬 만큼 모순적이었다.

1894년 동학농민군의 기세가 드높아지자, 조정에서는 조병갑을 탐관오리의 전형이라 규탄하며 고금도로 유배 보냈다. 그러나 혁명이 실패로 끝나자, 그는 곧 풀려났다. 조정에 복귀한 조병갑은 승진을 거듭했다. 1897년 그는 법부 민사 국장에 발탁되었고, 곧이어 고등부 판사가 되었다. 1904년에는 비서원승秘書院丞(정3품)까지 올라갔다.* 당대의 조정인사들이 조병갑을 탐관오리의 전형으로 간주했더라면, 이런 일은 일어날 수 없었다. 조병갑의 부패에 관한 조정여론은 그다지 나쁜 편이 아니었다.

조병갑을 두둔하려는 것은 결코 아니다. 오히려, 그처럼 부정부패한 인사들을 두둔하고 감싸는 분위기가 조정에 팽배해 있었다는 점을 강조하려는 것이다. (부정부패의 만연, 이것이 어찌 19세기 말에 국한되었겠는가. 지금도 한국 사회의 부패지수는 높다. 2013년 국제투명성기구가 조사 발표한 바에 따르면, 한국인의 '부패인식지수'는 177개 조사대상국 가운데 46위로서 청렴도가 낮은 편이다. 이처럼 명예롭지 못한 조사 결과는 지난 3년 동안 계속 악화되고 있다.)

그때 하필 조병갑이 고부군수가 아니었더라도, 동학농민혁명은 조만간 일어나고 말았을 것이다. 이미 1862년(철종 13) 임술년에도 전국 각지에서 산발적으로나마 여기저기서

* 조병갑의 자세한 이력은 『고종실록』을 검색하면 쉽게 확인할 수 있다. 그는 천안군수 시절에도 실적이 우수한 지방관에 손꼽혔다. 그런데 조병갑과 동학의 악연은 끝까지 이어졌다. 그는 최시형의 재판(사형)에도 판사로서 관여했다. 그 점은 광무 11년(1907) 7월 26일자 최시형에 관한 재판문서에서 확인된다.

민란이 일어났다. 비슷한 시기 중국과 일본의 농촌사회도 술렁거렸다. 특히 1851년(청. 함풍 1년) 중국에서는 '태평천국의 난'이 일어나, 14년 동안이나 혼란이 지속되었다. 그 당시 동아시아 사회에서는 지배질서에 저항하는 농민들의 목소리가 커지고 있었다. 한국 사회도 예외가 아니었다. 1863년 고종이 즉위한 뒤에 갑오동학혁명이 일어나기 전까지 30년 동안(1863~1893), 전국적으로 60차례도 넘는 농민봉기가 일어났다. 해마다 어디선가 난리가 일어났다.

동아시아의 농민들은 대대적인 사회혁신을 요구하였다. 그러나 집권층은 농민들의 요구를 거부하였고, 그 때문에 농민들과의 본격적인 충돌은 점차 피할 수 없는 사회문제가 되었다. 일본은 1867년부터 메이지 유신明治維新을 단행해 극적인 탈출구를 마련했다. 그와 달리 한국 사회는 악화일로를 치달았다.

무분별한 무역개방이 문제다

역사학자들은 동학농민혁명이 일어난 이유를 사회경제적 변화에서 찾는다. 주로 세 가지 이유를 거론하는데, 첫째는 농업기술의 변화가 농촌사회의 변질을 초래했다는 주장이다. 이앙법의 보편화로 농업생산력이 증가했고, 이것이 지주에게 유리한 경제 환경을 만들었다고 한다. 결과적으로, 농촌사회의 양극화는 심해져, 빈농이 증가하고 사회적 불만도 커졌다는 것이다. 둘째, 3정의 문란이 농민층의 반발을 불러왔다고 한다. 전정田政, 군정軍政 및 환곡還穀 등 전통적인 수취체제에 모순이 쌓여 조세정의가 무너지자, 농민들의 인내심이 바닥났다는 말이다. 셋째, 19세기에는 세도정치가 등장하여 부정부패가 사회 전반에 만연했다는 것이다. 자연히 농민들의 부담이 심해졌다는 것이다.

평야가 많은 전라도 농민들은 그 처지가 더욱 열악했다. 그들은 국가재정의 절반 이상을 부담해야 했기 때문에, 지배권력에 대해 한층 강하게 저항하였다. 전라도는 양반들까지도 권력에서 오랫동안 소외되었기 때문에, 핍박받는 농민들과 연대할 가능성이 높아졌다. 19세기 말이 되자 전라도의 상하계층은 서로 협력하여 반정부 활동을 조직적으로 펼쳤다.

이러한 설명은 설득력이 있다. 동학농민혁명에 관련된 여러 가지 사료史料를 읽어보더라도, 과중한 조세부담에 관한 동학농민군의 불평이 도처에서 발견된다. 관리들의 탐욕과 지주들의 횡포에 관한 비판도 적지 않다. 그런 점에서 기왕의 주장은 역사적 기록과 일치한다.

그러나 역사기록에 직접 언급된 경우는 드물지 몰라도, 더욱 중요한 이유가 있었다. 외국산 공산품, 특히 면직물의 수입이 농촌사회에 준 충격이 매우 심각했다. 1876년(고종 13) 일본과 강화수호조약이 체결된 이후 일본 상인들은 개항장을 통해, 값싼 면직물과 각종 공산품을 대량으로 유통시켰다. 1882년(고종 19) 이후로는 임오군란의 여파로 청나라 상인들까지 대거 등장하여, 일본 상인들과 경쟁을 벌이면서 전국 각지에서 공산품 시장을 차지하려고 각축전을 벌였다. 그 틈을 이용해 일부 객주들과 보부상은 수입상품을 거래하며 돈 벌 기회를 잡았다. 그 바람에 대다수 전통 상인들과 수공업자들, 그리고 가내수공업에 종사해 온 농민들은 타격을 입었다. 가령 소농 가족들은 면직물의 생산을 비롯한 가내수공업을 통해 가계적자를 메우고 있었다. 그런데 헐값의 외제 공산품이 쏟아져 들어오는 통에, 생계를 유지하기가 더욱 어려워졌다. 그런 상황은 해마다 악화되었다.

안타깝게도 동학농민혁명에 관한 자료에는 이런 문제를 명시한 기록이 잘 보이지 않는다. 동학농민군은 조정이 이런 문제를 해결할 수 없다고 판단했다. 실제로도 당시 조정은 외국으로부터 불평등조약을 강요당하는 약자에 불과하였다. 조정은 해외시장은 물론, 국내시장에 대해서도 통제하거나 관리할 수 있는 능력이 없었다.

사태를 더욱 심각하게 만든 것은 쌀과 콩을 비롯한 국내산 곡물의 무분별한 유출이었다. 그 부작용은 전라도 지역이 매우 심했다. 전라도는 국내 제일의 곡창이었다. 그런데 식량 수입 국가였던 일본의 입장에서 보면 거리도 가깝고 교통도 편리해, 가장 매력적인 생산지였다. 일본 자본은 빠른 속도로 전라도의 연안지방에 진출해 많은 곡식을 헐값에 사들였다. 고창의 김성수 일가처럼 셈이 빠른 지주들은 그 기회를 이용해 단기간에 많은 재산을 축적하였다.* 하지만 소작으로 겨우 연명하던 소농들은 물론이고, 일부 자영농들까지도 곡물가격의 잦은 변동으로 손해를 감수해야 했다. 농민들은 설사 풍년이 들었더라도, 지주로부터 식량을 빌려먹기가 어렵게 되었다. 지주들로서는 한 톨의 쌀이라도 더 많이 일본으로 수출하는 것이, 더 큰 이익이었다. 자연히 한

---

* 일본으로 쌀 수출이 시작되기 전 김성수 일가의 재산규모는 연간 수입 200석 정도였다. 그러나 쌀 수출이 시작되고는 재산이 급속도로 불어났다. 1908년경 그들은 연간 수입 8만 석 정도의 거부가 되었다. 한 세대 만에 재산이 400배 정도 불어난 셈이었다.

국의 농민들, 특히 전라도의 농민들은 곡물의 수출에 종사하는 일본 상인과 일부 한국인 중간상 및 지주들에 대하여 원망을 품게 되었다.

동학농민혁명을 촉발한 가장 직접적인 원인은 무분별한 무역개방조치에 있었다. 고종과 그의 측근 세력들이 추진한 '개화정책'이 문제였다. 위정자들은 부국강병을 구현하기 위해 서둘러 개화정책을 폈다. 그 과정에서 위정자들은 재정부족을 실감하였고, 이것은 자연히 각종의 증세조치로 이어졌다. 이래저래 죽어나는 것은, 당시 한국의 핵심 산업인 농업에 종사하는 사람들, 더욱 좁혀서 말하면 전라도의 농민들이었다.

역사기록에는 동학농민군이 그저 단순히 "척왜양창의"斥倭洋倡義를 외친 것처럼 되어 있다. 일본과 서양세력을 배척하고 정의를 부르짖었다는 말이다. 일본과 서양이 문제시되는 까닭이 중요하다. 그들 외세는 한국의 정치적 주권만 위협했던 것이 아니라, 농촌 경제를 파탄으로 몰아간 주범이라는 인식이 동학농민군들에게 있었다. 두말할 나위조차 없이 명쾌한 지적이었다.

동학농민군은 당대의 폐정廢政, 즉 잘못된 정치를 거론하면서 "서울의 권귀權貴"를 문제 삼았다. 그들은 "횡포한 지방

양반들"도 거론했다. 그것은 결국 하나의 문제의식으로 귀착된다. 요컨대 지방과 서울의 실력자들이 외세에 빌붙어 자신들만의 이익을 추구하였기 때문에, 동학농민군은 분노를 참기 어려웠던 것이다. 동학농민군은 기득권세력을 배신자로 인식하였다. 그들의 입장에서 보면, 부정부패한 기득권층이야말로 한국 농민들의 생계를 위협하고, 국가의 주권을 외세에 팔아먹은 죄인이자, 한국의 고유한 문화적 정체성을 위협하는 협잡꾼들이었다. 동학농민군의 현실인식은 그처럼 날카로웠다. 그래서 그들은 분연히 일어나 서울로 진격하여, 일거에 "권귀를 내쫓고", "나랏일을 도와서 백성을 편안하게 할"(輔國安民) 작정이었다. 물론 백성들이 편안하게 살기 위해서는 이를 테면 사회정의와 경제정의가 구현되어야 했다.*

　무분별한 시장개방은 19세기 말의 문제라고만 볼 수 없다. 1997년의 외환위기도 외환시장을 함부로 개방하여 외국의 투기자본을 끌어들인 결과였다. 농어촌이 지금처럼 피폐

---

* 오지영의 『동학사』에 따르면, 동학농민군이 제시한 「폐정개혁안」 가운데에는 농지의 '평균분배'가 보인다. 이것은 경자유전(耕者有田), 즉 농사짓는 사람이 농지를 소유한다는 중국 고대의 이상과 일치한다. 그런데 동학농민군이 집강소를 통해 실제로 이러한 정책을 폈는지는 아직 확인되지 않았다.

해진 까닭도, 앞뒤 생각 없이 공산품의 수출을 촉진하겠노라며 수입시장을 함부로 개방한 결과다. 최근 수년 동안 집권층이 정력적으로 추진해 온 이른바 '자유무역협정'FTA들 역시 앞으로 한국 사회, 특히 농촌지역에 가공할 만한 충격파를 불러오고야 말 것이다. 1960년대 이후 '과잉산업화' 정책을 불도저처럼 밀어붙여 농촌을 구조적으로 황폐화시킨 정치세력의 음모는 끝이 없다. 그들은 이미 빈사상태에 빠진 농촌을 결국 끝장내고야 말 것인가.

소농중심사회

동학농민혁명이 가능했던 좀 더 근원적인 이유는 무엇일까. 동학농민혁명에 관한 기왕의 연구논저에서는 이 문제에 관해 두 가지 답이 발견된다. 하나는 농민들이 당해도 너무 심하게 당해 왔다는 주장이다. 또 하나는 '동학'東學이라는 종교집단의 견고성이다. 동학에서는 '포'包와 '접'接을 단위로 하여 6임제六任制를 실시하였다. 동학교도들은 교장教長·교수教授·도집都執·집강執綱·대정大正·중정中正 등 여섯 종류로 직임을 구별하여 조직을 철저히 관리했다.

그러나 더욱 중요한 사항이 있다. 그것은 한국 소농중심 사회의 특징인 마을조직의 강건함이다. 동학의 포접제를 자세히 들여다보면, 그 중심에는 접주 또는 포주가 영향력을 행사하는 마을이 있다. 6임이란 것도 사실은 한두 마을을 중심으로 설치되었다. 다시 말해, 마을의 조직적 기반에 힘입어 동학 조직도 건재하였다.

조선 후기에는 시간이 흘러갈수록 소농중심의 마을조직이 더욱 활기를 띠었다. 대표적인 것이 '리중'里中이라 불린 마을공동체였다. 또한 각 마을에는 노동, 오락 및 제의祭儀를 담당하는 '두레' 조직들이 결성되어 있었다. 마을공동체나 두레 같은 것은 으레 선사시대로부터 농촌사회에 존재한 오랜 관습이었다고 생각하는 경향이 있다. 하지만 그것은 역사적 사실과 일치하지 않는다.

이미 다른 책에서도 나는 그 점을 강조했지만, 19세기에 이르러 한국의 마을공동체는 독자적인 조직을 마련하였다. 그들은 우두머리인 '좌상'坐上을 선출했고, 그 아래 실무를 담당하는 '공원'公員도 뽑았다. 마을공동체는 별도의 공유전답을 소유하였고, 비단으로 만든 값비싼 마을 깃발도 보유하고 있었다. 그들은 마을의 상장례喪葬禮는 물론 세금과 부역 등 생계에 중요한 영향을 미치는 마을 일들을 처리하였다.*

18세기 이후 동아시아 사회에는 지주제가 널리 유행하였다. 그러나 지주제라도 나라마다 상당한 차이가 있었다. 중국과 일본에서는 소작농에 대한 지주의 지배력이 강했다. 결과적으로, 소농중심의 협동조직이 발달하지 못하였다. 한국의 경우는 사정이 많이 달랐다. 농촌 인구의 대다수를 차지하던 소농들은 자신들의 이익을 관철할 수 있는 다양한 조직을 만들었다. 그들은 독자적인 조직체를 구성해, 세금·부역·군역 등의 문제를 직접 관리하였다. 그들은 마을의 노동력을 집중시키거나 분배하는 문제까지도 스스로 결정하였다.

한국의 중앙 및 지방정부는 소농들이 운영하는 마을공동체를 정치적 동반자로 인식하였다. 집권층은 그들에게 조세의 공동납부를 떠맡김으로써 세수稅收의 안정을 꾀하였다. 각종 범죄행위에 대하여도 공동책임을 지워 사회안정을 도모하였다. 상당 기간 동안 그 결과는 만족스러웠다. 19세기 전반까지도 한국에서는 농민의 집단저항이라고 일컬을 만

* 백승종, 『한국사회사연구 ― 15~19세기 전라도 태인현 고현내면을 중심으로』, 일조각, 1996, 152~153쪽.

한 사건이 거의 없었다.

한국 사회는 안정적이었다. 상부상조를 바탕으로 한 '사회적 합의'가 가능했기 때문이다. 지주제로 인해 점차 양극화 현상이 강화되고는 있었지만 그 속도는 다른 나라에 비해 늦었다. 경제성장의 이상 따위는 아직 존재하지 않았다. 상업발달의 속도 역시 완만해, 원거리 시장의 형성이 주변국가들보다 늦었다. 외국과의 무역도 매우 제한적이었다. 교통 및 숙박업도 발달이 거의 없었다. 요컨대 당시의 한국 사회는 시장에 대한 관심이 적었기 때문에, 지주제 아래서도 자급자족적 농촌사회의 틀을 오랫동안 유지하였다. 지주는 잉여농산물을 시장에서 화폐로 교환하기가 용이하지 않았다. 때문에 그들은 그것을 소작농들에게 높은 이율을 붙여 대여하는 것이 고작이었다. 고리부담을 이기지 못한 소작농들은 주기적으로 거주지를 무단이탈하였다. 이로써 채무관계를 원점으로 돌려놓았던 것이다. 지주들은 속수무책이었다.

한국 농촌은 위에서 말한 몇 가지 특수성으로 인해, 일종의 '사회적 안전망'이 광범위하게 존재하였다. 과장된 표현이지만, 지주는 가난한 소작인을 먹여 살리고, 대신에 소작인은 지주에게 명예를 보장해 주는 식의 사회적 보상체계가 작동하였다.*

그 당시 한국 사회가 도달한 안정성은 경이로울 정도였다. 동시대의 동아시아 각국은 물론, 유럽의 여러 나라와 비교해 보더라도 한국은, 최소의 사회경비로 가장 완벽하게 치안을 유지하는 사회였다. 한국에는 악명 높은 감옥도 없었고, 전문적인 법률가 집단이 형성될 이유도 존재하지 않았다.

그러나 19세기 후반부터 한국 사회는 급속도로 달라졌다. 각처에서 민란이 자주 일어났다. 저항의 강도도 거세졌다. 외부세계와 불평등조약이 체결된 다음에는 농민의 저항이 더욱 거세졌다. 그 까닭은 앞에서 이미 말한 바와 같다. 섣부른 개방정책의 결과, 민란이 거듭되었고, 그러자 소농들은 군사활동에도 차츰 익숙해졌다.

농민들은 마을의 두레를 중심으로 농악대와 깃발을 앞세

---

* 사방 백 리에 굶어 죽는 사람이 없어야 진정한 의미의 부자라고 한다. 이것이 전통 사회 부자들의 미덕이었다. 일제시기까지도 그런 정신을 그대로 실천에 옮긴 명망가들이 있었다. 가령 충남 논산의 윤증(尹拯, 1629~1714) 고택에서는 연간 수입의 3분의 1을 기부와 자선 등에 사용하였다.(연간 총수입은 3천 석) 한국의 부자들이 자선을 기꺼이 베풀었고, 그 바탕 위에 고도의 사회적 안정이 유지되었다는 점은 양반들의 가옥 형태에서도 알 수 있다. 서양은 물론 중국 및 일본의 지주들이 폐쇄적이고 방어적인 저택에 거주한 것과는 달리, 양반들의 가옥은 외부의 침략 따위를 별로 고려한 흔적이 없다.

우고, 스스로 질서정연하게 군사훈련을 받은 것이 틀림없다.** 그리하여 『경국대전』에 입각해 지방에 배치된 경찰 또는 군사력만으로는 민란을 진압하기가 어려워졌다. 1894년 갑오동학농민혁명 때는 농민들의 군사력이 더욱 강화되었다. 그들은 각지에서 탈취한 조총은 물론 대포까지 운용하면서 전술의 폭을 확장했다.*** 이제 중앙에서 급파된 최정예 군대로도 농민군의 진압은 장담하기 어렵게 되었다. 이것은 곧 집권층의 위기의식을 고양시켰다. 마침내 고종은 동학농민혁명이라는 내부 문제를 해결하기 위해, 청나라에 군사지원을 요청하는 어처구니없는 사태를 연출하였다.

고종이 내정의 위기를 돌파하지 못하고 처음으로 외국군대를 끌어들인 것은, 1882년 임오군란 때부터였다. 그때부터 오늘날에 이르기까지 한국의 유약한 집권층은 외세의존적인 태도를 쉽게 버리지 못하고 있다. 외국군대의 상주가 집권자에게 정권유지를 보장할 수는 있다. 그러나 그로 인

** 고부의 동학농민군이나 장흥의 동학농민군들도 늘 농악대를 앞세웠다. 그들은 군사훈련 때도 농악대의 연주에 따랐다. 그런데 농악대는 두레와 불가분의 관계에 있는 하위 조직이었다.

*** 동학농민군은 그들이 점령한 각지의 관아에서 무기와 화약 등을 빼앗아, 그것으로 전력을 강화하였다.

한 한국 사회의 비용지출은 계산조차 불가능할 정도로 막대하고 다방면에 걸친 것이다. 만일 한국 사회의 자산이던 부자와 가난한 소작농 사이의 사회적 합의가 끝까지 존중되었더라면 어땠을까. 충격적인 '민란'이나 혁명 같은 것은 아예 일어나지도 않았을 것이다.

총체적 대안으로서의 동학

1894년, 위정자들은 외세를 빌려 동학농민군을 무참히 학살하였다. 이른바 '토벌작전'에 참가한 일본 군인들이 남긴 종군기록에 따르면, 그들은 동학농민군의 재기를 근원적으로 차단할 목적으로 처형자의 수를 극대화했다. "가능하면 모두 잡아 죽인다"는 식이었다. 동학농민군의 피해는 매우 컸다. 그 규모를 정확히 추산하기는 어렵지만, 1894년 일본군이 처형한 인원만 해도 2만~5만 명을 오르내렸다. 그해 전투에 참가한 동학농민군은 연인원 30만 명 정도로 짐작된다. 지역적으로는 전라도가 압도적인 다수를 점했지만, 충청도와 경상도, 강원도, 경기도 등 여타 지역에서도 상당한 호응이 있었다.

전국의 소농이 동학농민혁명에 적극 참가한 까닭은 무엇인가. 앞에서 나는 조정의 무분별한 무역개방정책이 그 가장 중요한 이유라고 말하였다. 그보다 더 심층적인 원인은 없었을까? 1860년대부터 꾸준히 전개된 '동학'이라는 일종의 문화운동에서 한 가지 답을 찾을 수도 있다. 더욱 거슬러 올라가면 그 시원은, 『정감록』에까지 이른다.

'문화운동'이라는 말은 무슨 뜻인가. 19세기 말 동학은 정치운동이자 경제운동이었고, 사회운동인 동시에 종교·문화운동이었다. '사람이 곧 하늘'(人乃天)이라는 그 가르침은 자주적 근대화운동이기도 하였다. 동학교도들은 남녀노소를 불문하고 만인의 평등을 신봉했다. 그들은 '유무상자'有無相資라 하여, 가진 사람과 없어서 못사는 사람이 서로 도와 사는 경제공동체를 추구했다. 그들은 일체의 사회적 차별을 해소하기를 바랐다. 또한 문화적으로도 유교·불교·도교의 장점을 취하여, 앞으로 5만 년을 지속할 새로운 '대운'大運을 열고자 했다. 겉보기에 동학은 일개 종교운동이었지만, 실은 인간을 비롯한 만물의 '상생'相生을 목적으로 하는, 총체적 개혁을 그들은 바랐다. 그들의 이상은 '후천개벽'後天開闢의 네 글자에 집약되었다.

19세기 후반 한국의 일부 지식인들, 특히 내가 '평민 지식인'이라 부르는 이들이 바로 동학을 창도唱導하였다. 또는 그러한 사상적 흐름에 기꺼이 동참했다. 개인적인 편차는 있었지만, 전봉준을 비롯한 동학농민군의 최고위층들도 넓은 의미로 보면 '평민 지식인'들이었다. 그들은 대체로 1890년경 동학에 입문하였다. 동학에 발을 들여놓자마자 그들은 혁명을 준비하였다. 이러한 사실로 미루어, 그들은 종교적 열정 때문이 아니라, 혁명까지 포함한 총체적 '문화운동'을 위해 동학의 문을 두드렸다는 인상을 준다.

이미 18세기부터 조선왕조에 대한 지식인들의 반발과 저항은 노골화되었다. '원국지사'怨國之士, 즉 나라를 원망하는 선비들이 『정감록』의 예언을 중심으로 결집했던 것이다. 해가 갈수록 그들의 연대는 외연을 넓혀갔다. 그리하여 '평민 지식인'들이 이 비밀결사 운동의 중심을 차지하였다. 그런 흐름이 계속되다가 19세기 후반 최제우崔濟愚(1824~1864)에 이르러 '동학'으로 승화되었다. 『정감록』 비밀결사가 하나의 신종교운동으로 탈바꿈한 것은 결코 단순한 변화가 아니었다. 결사체의 경험이 축적됨에 따라 질적 전환이 일어났다고 평가된다.*

* 백승종, 『한국의 예언문화사』, 푸른역사, 2006을 참조.

19세기는 내우외환內憂外患의 시기였다. 소농중심사회의 장점이던 안정성이 무너져, 일반농민들조차 왕조의 멸망을 손꼽아 기다릴 정도로 사정이 악화되었다. 최제우는 그러한 사회변화를 깊이 인식했다. 그리하여 그는 총체적 대안을 마련하였다.** 1890년대 초기 전봉준과 김개남金開男(1853~1895) 등이 동학에 합류한 것은 최제우의 대안에 공감했기 때문이다.

전봉준을 비롯한 전라도의 일부 지식인들은, 이미 1892년 11월부터 본격적으로 혁명을 준비하였다. 그해 11월 1일 전봉준 등은 전라도 삼례에 모여 교조 최제우의 신원伸寃을 촉구하고, 교도들에 대한 관리들의 탄압을 중지하라고 요구하였다. 그들은 1893년 2월 서울로 달려가 광화문 앞에서 복합상소伏閤上疏를 올려 같은 주장을 되풀이하였다. 이어서 그해 3월, 전봉준은 전라도 금구의 원평에서 1만 명이 운집한 가운데 재차 비슷한 주장을 되풀이하였다. 이 밖에도 1893년 3월부터 4월까지 열린 충청도 보은 집회에서도 전라도 출신 동학도들은 참가율이 유달리 높았다. 그들의 주장 또

** 훗날 최제우의 가르침은 『동경대전』(최천식 옮김, 풀빛, 2010)과 『용담유사』(양윤석 엮음, 모시는사람들, 2013)로 정리되었다.

한 가장 과격했다.

전봉준 등은 자신들이 직접 기획한 여러 행사들을 통해서 일련의 정치적 목적을 추구했다. 그들은 이미 정치권력을 상대로 투쟁력을 강화하고 있었다고 판단한다. 그들은 조정의 물리적인 진압의지 및 능력을 시험하는 한편, 자신들의 동원능력을 높였다. 그리하여 일단 유사시에 어떻게 처신할지를 고민하였던 것이다. 이것은 일종의 정치훈련 과정이었다. 이를 통해 전봉준은 자연스럽게 전라도 동학농민의 중심으로 떠올랐다. 그를 중심으로 한 지도부가 결성됨에 따라, 전라도의 동학농민들은 조정과의 일전을 더 이상 피할 수 없는 과제, 또는 머지않아 닥칠 문제로 인식하였다. 이와 같은 맥락에서 보면, 고부군수 조병갑이 얼마나 부패했는가는 결정적인 원인이 될 수 없었다. 전봉준이 이끄는 남접 지도부는 많은 인원을 가장 효율적으로 동원할 수 있는 어딘가에서 조정과 힘겨루기를 시도할 것이 분명했다. 성공적인 저항운동은 어디서든 쉽게, 우연히 일어나지 않는다. 그것은 철저히 준비된 곳에서만 가능하다.

21세기 한국 사회, 어디로 갈 것인가?

요컨대 1894년 동학농민혁명의 직접적 원인은 조정의 무분별한 개방정책에 있었다. 동학농민군의 주축은 소농이었고, 그들은 군건한 마을조직을 기반으로 투쟁 역량을 강화했다. 그들이 동학의 이름으로 전면적인 사회개혁을 주장하게 되기까지는 하나의 뚜렷한 역사적 흐름이 있었다. 18세기부터 한국에서는 『정감록』 예언서를 바탕으로, 사회적 변화를 향한 모색이 활발했던 것이다. 그것은 일종의 대안적 문화운동이었고, 이를 주도한 것은 '평민 지식인'이었다. 19세기 후반에 이르러 그들 '평민 지식인'들은 동학에 입문하여 소농과의 연대투쟁을 시도했다.

오늘날 우리 사회에는 여러 난제가 어지럽게 뒤섞여 있다. 기득권층은 자신들의 이익을 앞세우며 경쟁의 논리만을 부르짖는다. 그들은 공기업을 사유화하고 의료기관까지 민영화하려고 한다. 공익을 해치는 저들의 탐욕은 개방정책으로 미화되기 일쑤다. 이것은 반드시 저지되어야 한다. 소농을 중심으로, 한국의 모든 사회적 소수자들은 다시 연대해야 한다. 판에 박힌 계급투쟁이 아니라, 부자와 가난한 사람 모두가 '해원상생'解冤相生(원망을 풀고 서로서로를 살림)할 방도를 찾아야 한다. 『정감록』에서 발원해, 동학혁명을 거쳐 지금까지 이어지는 역사적 염원이 바로 그 점에 있다.

지금 우리가 할 일은 무엇인가. 우선 거대자본의 해악에 대한 비판적 이해가 필수적이다. 아울러 자본과 노동의 사회적 합의도 이루어야 한다. "나락 한 알에도 우주가 있다"는 장일순 선생의 말처럼, 지극히 사소한 것도 그 본질은 우주적이다. 독립적인 '너'와 '나'지만, 차별은 사라져야 한다. 이런 입장을 생태주의라고도 부를 수 있겠다. 만일 우리가 동학농민혁명의 저변에 깔린 풀뿌리 민주조직과 '유무상자'의 사회적 건전성을 되찾으려 한다면, 그 길 말고는 다른 방법이 없어 보인다.*

---

* 2014년 2월 10~11일, 나는 충북 옥천에서 열린 녹색당의 한 모임에 참석할 기회가 있었다. 장길섭, 황민호, 전희식, 김재형 선생은 전국의 여러 농촌 마을에서 '상생'의 움직임이 본격적으로 시작되었음을 알려주었다. 희망찬 소식에 감사드린다.

박정희 시대를
어떻게 볼 것인가

허구로 가득 찬 박정희 신화는 우리 사회 모든 구성원의
불행이다. 그는 민주주의의 파괴자요, 지역갈등과
양극화의 주범이었다. 생태 파괴의 원인제공자이기도 하였다.
그런데 아직도 그를 미화하고 그의 이름에 기대어
정치적 야심을 키우는 정치가들이 많다.
불멸의 박정희를 주장하는 신화는 이제 막을 내려야 한다.

이 글의 핵심은 두 가지로, 박정희의 대중적 인기를 진단하고 그 문제점을 분석하는 것이다. 알다시피 우리 사회에서 박정희의 인기는 대단하다. 박정희 자신도 그런 경향이 있었지만, 아직도 우리 사회 일각에는 자신들의 정치적 이익을 위해 박정희를 신화화하려는 세력이 존재한다. 문제의 인물 박정희, 그의 공과를 생태적 관점에서 되짚어보자.

가난한 집안의 수재

박정희는 1917년 경상북도 선산군 구미면 상모리에서 아버지 박상돈과 양반집 딸인 어머니 백남의 사이에서 태어났다. 아버지는 벼슬을 얻기 위해 얼마 안 되는 땅까지 처분해가며 매관매직에 열을 올렸다. 허나 결국 가산을 탕진하고 실패했다. 그는 근처에서 제일 부자였던 장택상 일가의 소작인이 되었고, 그들의 관계는 삐걱댔다. 그때 일로 훗날 박정희는 장택상이라는 유명 정치인과 불편한 사이가 되었다고 한다.

박정희는 5남 2녀 중 막내아들이었다. 어머니가 마흔다섯에 노산으로 낳았다. 일곱 번째 아이라서 지우려고 장작을 안고 뒹굴기도 하고 약을 달여 먹는 등 백방으로 노력했으나 유산이 안 되었다. 노산이라서인지 형제들은 모두 건장한 체격의 소유자였으나, 박정희는 체격도 왜소하고, 피부도 검었다.

박정희는 학교 입학 전에 서당에도 다니며 사서삼경을 읽는 등 이른바 시골 유생의 기초를 닦았다. 나중에 그가 대통령이 되어서 쓴 글씨에도 나타나 있듯, 그에게는 엄숙단정하고 매서운 선비의 분위기가 있었다.

초등학교 다닐 때는 공부를 잘했다. 어린 시절 박정희의 역할 모델은 셋째 형 박상희였다. 박상희는 중등 이상 교육도 받고 김천에서 신문사 지국을 하며 시골 기자로서 신문에 투고도 하는 지사형 인물이었다. 그는 동생 박정희를 계몽시키고 사범학교 기숙사 비용도 대주는 등 든든한 버팀목이 되어주었다.

박정희는 대구사범학교에 입학했다. 구미초등학교에서는 개교 이래 처음으로 사범학교에 들어간 수재였다. 당시 사범학교는 입학경쟁이 치열하였다. 신입생 100명 중 한국인이 90명이었는데, 박정희는 중간 성적으로 입학했다.

그러나 박정희는 사범학교 교육에 적합한 학생이 아니었다. 그가 좋아하는 과목은 체육과 교련뿐이었다. 그는 총을 잡는 게 적성에 맞았다. 그가 선망하는 위인도 나폴레옹과 일본 사무라이들이었다. 열일곱 살이 되던 1930년대에 그는 비로소 이순신의 존재를 알게 되었다.

1937년 그는 대구사범학교를 마쳤는데 졸업성적은 최하위였다. 그는 벽촌인 문경의 한 초등학교 교사로 발령받았다. 그러나 적성에 맞지 않았던지 3년 후 그는 도망치듯 교단을 떠났다.

천황에게 혈서 쓴 '제국'의 군인

1938년 만주에 신경군관학교가 설립되었다는 말을 듣고 그는 지원했으나, 나이가 많아 떨어졌다. 그러자 박정희는 혈서를 썼다. 1939년 3월 31일자 『만주신문』은, 박정희가 "일본인으로서 수치스럽지 않을 만큼의 정신과 기백으로 일사봉공―死奉公의 군건한 결심입니다"라는 혈서를 군관학교에 보내왔다고 보도했다. 그 덕분이었는지 다음해 그는 군관학교 입학시험에 무난히 합격했다.

군관학교는 초급장교를 양성하는 기관이었다. 박정희는 이 학교를 1등으로 졸업했다. 사범학교를 거의 꼴찌로 졸업한 그가 군관학교를 수석으로 졸업한 것이다. 이어서 그는 일본육군사관학교 3학년에 편입했다. 거기서도 전체 3등이라는 우수한 성적을 기록했다.

1944년 7월부터 그는 열하성熱河省에 배치된 보병 제8사단의 장교로 복무하였다. 중국공산당의 팔로군을 토벌하는 것이 이 부대의 임무였다. 박정희는 주로 정보 관련 업무를 맡았다. 사람들의 뒷조사를 하고, 사상적으로 문제가 있는 사람들을 잡아다 취조하는 일이었다. 물론 박정희도 직접 전투에 참가하였다. 좌익계열의 한국독립군과 싸울 때도 있었다. 박정희의 일본인 동료들은 이렇게 증언하였다. "조센징"(한국인)의 토벌계획이 서면, 박정희는 "요오시(좋다)! 토벌이다!"라며 쾌재를 불렀다고 전한다.

만주는 박정희에게 중요한 인맥을 제공해 주었다. 나중에 그를 사형의 위기에서 구한 백선엽도 그러했고, 그를 보좌한 이선근, 정일권 및 최규하 등도 만주 경력의 소유자였다. 더 중요한 사실은, 만주시절 박정희의 견문이 일생을 지배했다는 점이다. 박정희는 20대 후반의 청년시절 만주 관동군의 통치술에서 많은 배움을 얻었다.

1945년 8월, 일본이 패망해 전쟁은 끝났다. 그러자 박정희는 전선을 이탈해 재빨리 광복군으로 들어갔다. 그는 변신의 귀재였다. 그런데 전쟁이 끝난 터라 광복군에서 그가 할 일은 없었다.

박정희는 귀국길에 올랐고, 3개월 정도 시골집에서 보냈다. 당시 집에는 부모의 명으로 억지 결혼한 부인과 아이가 있었다. 그는 아내를 싫어해 혼자 서울로 올라가, 육군사관학교 전신인 장교양성기관, 정확히는 조선경비사관학교 2기 단기과정에 들어갔다. 그는 곧 육군대위 계급장을 달았다. 당시 박정희는 이화여대에 다니는 한 여성을 만나 살림을 차리기도 했다.

남로당 프락치

청소년 시절 박정희에게 가장 큰 영향을 주었던 셋째 형 박상희는 '좌익'이었다. 1948년 10월의 '대구폭동사건'에도 깊이 관련된 인물이었다. 그때 경북의 좌익단체 대구노동평

의회가 철도파업에 동조파업을 일으켰는데, 이 사건이 확대되어 여러 지방에서 유혈사태가 일어났다. 박상희도 진압 경찰의 총에 맞아 사망했다.

나라가 혼란하던 시절이었다. 여수와 순천에서는 또 좌익 계열 장교들이 무장저항운동을 일으켰다. 그런데 사건의 수습 과정에서 박정희의 문제점이 수사당국에 포착되었다. 육군본부 정보국 정보장교로 근무하던 박정희가 다름 아닌 남로당의 프락치였다. 좀 더 구체적으로 말해 보자.

1948년 10월 국방부는 여수순천사건에 관련된 장교 및 사병 1천여 명을 검거하였다. 조사는 3개월 이상 지속되었고, 1949년 2월 8일부터 군법회의가 열렸다. 그해 2월 13일까지 이어진 군사재판에서 총 73명이 유죄판결을 받았다. 제15연대장 최남근에게 총살형이 선고된 것을 필두로, 김학휴, 조병건, 박정희, 백명종 등 4명에게는 무기징역형이, 그밖에는 15년부터 5년까지의 징역형이 선고되었다.(『경향신문』 1949. 2. 17) 그러나 중죄인 박정희는 무사하였다. 직속상관인 육군본부 정보국장 장도영이 정일권, 백선엽 등 만주군 출신들과 작당하여 구명운동을 벌였다. 박정희 역시 만주군 출신의 수사관 김창룡에게 옛 동지들, 즉 군 내부에서 암약하던 남로당원의 명부를 넘겨주고 목숨을 구걸했기 때문이다.

핏값으로 되살아난 박정희는 나중에 5·16 쿠데타를 일으켰다.(1961) 군복을 벗은 그는 대통령선거에 뛰어들었다.(1963) 경쟁자인 윤보선이 박정희의 남로당 경력을 좌시하지 않았다. 그러자 박정희는 자신이 이끄는 '국가재건최고회의'와 '민주공화당'의 이름으로 윤보선을 고소했다. 있지도 않은 허위 사실을 윤보선이 유포했다는 것이다.(『동아일보』 1963. 9. 26) 박정희와 그 휘하세력인 민주공화당 의장 윤치영, 공보부장관 임성희, 민주공화당 선전부장 서인석, 정치군인 원용덕 등은 여순사건 또는 남로당과 관련해 박정희가 형을 선고받은 적이 없었다며 허위 주장을 일삼았다. 특히 윤치영과 서인석은 박정희 찬양으로 도배된 「민주공화보」를 작성해 전국의 가가호호에 뿌렸다.

박정희 추종세력은 지금까지도 역사적 진실을 외면한다. "그분이 남로당의 중책을 맡았던 것처럼 이름이 올라 있었으나, 당원으로서 활동은 없었다. 인간관계상 최남근 등과 친하게 지내다가 그들의 포섭공작에 휘말려 술 몇 잔 얻어먹은 것뿐이다." 박정희는 이 거짓말쟁이들 앞에 '반인반신'의 성인이 되어 황금빛 동상으로 서 있다.

남로당 프락치 사건으로 박정희는 군복을 벗었다. 그러

나 그는 민간인인 문관의 신분으로 군대를 드나들며 생계를 유지했다. 관운이 좋았던 것일까? 1950년 6·25 전쟁이 일어났고, 그는 다시 군복을 입고 소령이 되었다. 1953년 전쟁이 끝날 무렵 그는 이미 장성으로 진급하였다.

6·25 전쟁 뒤 장성들은 쿠데타를 계획하고 누설하기를 반복했다. 1959년부터는 박정희 또한 쿠데타 계획을 꾸몄다. 전쟁을 치르는 사이 한국의 군부는 급팽창했다. 군대의 규모만 커진 것이 아니었다. 당시 청년 장교들은 한국 사회의 엘리트였고, 저마다 정치적 야욕을 품고 있었다. 세계적으로 보더라도 신생독립국가에서는 군사쿠데타가 비일비재하였기 때문에, 한국의 고급장교들도 고무되어 있었다.

1961년 5월 16일, 박정희는 제2군사령부 부사령관으로서 쿠데타에 성공했다. 이후 2년 7개월간 군정을 하면서 그는 반대파들을 처단하였다. 여러 차례 대국민 약속을 번복하기도 했다. 처음에는 군인 본연의 임무로 되돌아가겠다고 말했지만, 거짓말이었다. 1963년 그는 대한민국의 제5대 대통령이 되었다.

그러기에 앞서 그해 3월, 박정희는 마지막 걸림돌을 제거하였다. 장도영 예비역 중장 등 13명에게 '반혁명' 혐의를 씌워 중형에 처했던 것이다. 장도영이 누구인가. 박정희에게 그는 생명의 은인이었다. 남로당 프락치 박정희를 죽음에서 구하는 데 일조했고, 현역에 복귀시키는 데도 앞장섰던 그였다. 또한 그는 박정희의 쿠데타 음모가 사전에 발각되자, 이를 극구 변명해 주어 5·16 쿠데타를 성사시켰다. 미국은 쿠데타 세력을 무력으로 진압하고자 하였는데, 이를 만류한 사람 역시 그였다. 그럼에도 박정희는 장도영을 숙청하였다.

처음에는 그를 '국가재건최고회의 의장'에 임명하는 호들갑을 떨며 우대하였다. '군사혁명 선포문'조차 그의 명의를 빌렸었다. 하지만 이것은 미국과 국군 내부의 저항을 줄이기 위한 박정희의 기만술책이었다. 상대가 설사 자신의 은인이라 해도 박정희는 권력을 나눌 뜻이 전무했다. 그리하여 장도영에게 두 가지 죄목을 옭아맸다. 첫째, 쿠데타 전야 한강 다리에 헌병 50명을 파견해 혁명군의 출동을 저지했다고 몰아붙였다. 둘째, 국가재건비상조치법이 정한 최고회의 의장의 겸직 금지 조항을 반대한 것도 민족배신행위로 매도하였다. 결국 장도영은 무기징역형을 선고받았다가 형 집행면제를 받고 미국으로 떠나갔다.

따지고 보면, 박정희는 일생 동안 배신을 일삼은 셈이었다. '천황'에게 혈서까지 쓰고 일본군 장교가 되었던 그. 일제가 패망하자 잽싸게 광복군에 몸을 맡겼다. 곧 국군장교로 변신하더니 남로당에 가입해 국가전복을 꾀했다. 사실이 들통 나서 위기가 닥치자, 이른바 명단을 팔아먹었다. 그러고는 은인까지 해치웠다.

　박정희는 권력욕의 화신이었다. 무소불위에 가까웠던 그의 권력은 기실 계엄령의 총부리와 밀실의 고문에서 나왔다. 집권 18년 동안 목숨을 잃은 시민들도 많았다. 하건마는 그의 쿠데타를 '구국의 혁명'이라 떠벌리며 독재자를 우상화하는 작태가 여전히 되풀이된다. 박정희와 그 추종자들은 끝내 시민사회의 배신자를 자처할 것인가.

유신체제와 함께 쓰러지다

　헌법에 따라 대통령직은 두 번까지 맡을 수 있었다. 그러나 박정희는 헌법을 고쳐 세 번을 연달아 했다. 그러고는 아예 선거를 치르지 않고도 영구 집권할 방법을 찾았다. 1972년 10월, 박정희는 전국에 계엄령을 선포하고 유신헌법을 공포했다. 종신 대통령의 자리를 차지하기 위해서였다.

　유신체제 아래서 그는 '긴급조치'라는 비상특권을 수시로 발동했다. 철권통치를 유지하기 위해서였다. 제1호부터 제9호까지 계속해서 발령된 긴급조치는 독재자의 권력욕이 어느 정도였는지를 생생히 보여주었다. 박정희, 곧 국가원수를 비방하기만 해도 영장 없이 체포하였다. 인권탄압이 도를 넘었다. 그러기를 여러 해, 많은 시민들이 그를 증오했다.

마침내 1979년 10월 26일, 궁정동 안가의 만찬에서 그의 부하 김재규 중앙정보부장이 이 독재자를 살해하였다. 그보다 5년 앞선 1974년, 8·15 광복절 기념식전에서 박정희는 부인 육영수를 잃었다. 그녀는 의문의 인물 문세광의 총을 맞고 사망했다. 절대권력을 행사하는 과정은 결코 순탄하지 않았다.

집권 초기부터 박정희는 '경제개발'과 '자주국가' 건설을 시정목표로 내세웠다. 그는 '경제개발 5개년' 계획 등을 잇따라 내놓으며 산업화를 강력히 추진하였다. 이것은 오늘날 많은 사람들로부터 호평을 받고 있다. 일반이 잘 모르고 있었던 일이지만, 그 경제개발 계획의 배후에는 미국 정부가 있었다. 특히 초기단계에서는 케네디 정부의 지도와 간섭이 결정적이었다.

일반의 평가와는 달리 박정희의 경제개발은 순탄하지 못했다. 초기에는 목표 달성조차 곤란할 때도 있었고, 박정희가 의욕적으로 시행한 통화개혁도 실패했다. 엄밀히 말해, 박정희 정부의 경제개발이란 외자 도입을 통해 외형적 성장을 도모하는 데 그쳤다. 물론 외자란 외국으로부터 빌린 빚, 외채였다. 1979년 그가 사망했을 때 한국은 세계에서 네 번째로 외채가 많은 부실국가였다. 박정희 정권이 발표한 통계지표상으로는 해마다 고속성장을 한 것으로 나타났으나, 일반 시민의 입장에서는 실속이 없는 경제성장이었다.

사후에 인기가 올라

그의 통치 아래에서는 자유도 없고, 시민들의 생계도 여전히 곤란하였다. 말년의 박정희는 시민들의 지지를 받지도 못했다. 정치가 박정희에 대한 시민들의 지지도는 통치기간 내내 특별히 높지 않았다. 1963년, 그가 맨 처음 윤보선 후보와 경쟁했을 때는 겨우 46.6퍼센트의 지지를 받았을 뿐이다. 윤보선에 비해 1.6퍼센트 높은 지지를 받아 가까스로 대통령이 되었다. 그의 지지율이 50퍼센트를 겨우 넘긴 것은 두 차례, 1967년과 1971년의 대통령선거뿐이었다. 그때마다 부정선거라는 비판이 쏟아졌다. 1972년 유신체제에 대한 찬반투표 때는 90퍼센트가 넘는 찬성표가 나왔으나, 이 투표는 계엄령 아래에서 강압적으로 실시된 것이었다. 그때 각급 관공서는 앞다퉈 시민들을 투표장으로 내몰았고, 지지율을 높이기 위해 협박을 마다하지 않았다. 개표조작도 다반사였다.

박정희의 인기가 높아진 것은 사후의 일이었다. 여러 해 전, 대통령선거에 나온 야당의 정동영 후보는, "박정희의 비민주적 행태는 반성이 필요하지만, 그의 산업화·근대화를 과학기술 혁신을 통해 완성하겠다"고 말할 정도였다. 그에 앞서 대선후보 이회창 역시 "박정희의 비민주적 태도를 답습하지 않겠지만, 그 외에는 옳다고 생각해 완성하겠다"는 취지로 연설했다.

18년 동안 장기 집권을 했고, 그 과정에서 수많은 사람을 체포, 투옥, 살해하였음에도 불구하고, 오히려 그 인기가 높아진 까닭은 무엇일까? 다음의 두 가지로 집약될 수 있다.

첫째, 높은 경제성장률 덕분이었다. 시민들은 박정희 시대에 한국이 세계 역사상 보기 드문 고도 성장률, 곧 연간 10퍼센트 이상의 경제성장을 지속했다는 점을 말한다. 과연 수출통계를 보면, 1960년경 한국의 수출 총액은 1억 달러였으나, 1979년 박정희가 쓰러졌을 때에는 100억 달러로 뛰어올랐다. 단순 비교로 100배가 오른 것이었다. 이 숫자의 의미를 액면 그대로 받아들이기는 어렵다. 하지만 박정희 시대를 거치면서 한국이 수출국가로서 정체성을 갖게 된 것은 어김없는 사실이었다.

박정희가 공장을 많이 지어서 수출이 늘었고, 그래서 우리가 이만큼 잘살게 되었다는 주장은 어디서나 들을 수 있다. 더욱이 수출산업의 중심은 재벌인데, 그 토대를 마련한 것이 박정희라는 점에서 그를 높이 평가하지 않을 수 없다고 말하는 시민도 적지 않다. 그러나 재벌 육성을 통한 수출 증대가 과연 올바른 선택인지는 논란의 여지가 많다.

경제대통령 박정희를 주장하는 시민들은 좀 더 피부에 와 닿는 표현도 구사한다. "단군시대부터 계속되었다는 보릿고개를 없앤 이가 박정희"였다고 하는 말이다. 그러나 사실대로 말해야 할 것이다. 1960~1970년대쯤에는 인류의 대부분이 기아의 공포에서 해방되었다. '보릿고개'의 해결은 세계사적 맥락에서 설명해야 한다.

둘째, 박정희를 지지하는 시민들은 그의 '리더십'을 칭찬한다. 구체적으로 말해 박정희에게는 '선견지명'이 있었다는 것인데, 다음과 같은 주장이다. "그는 야당의 반대에도 불구하고 경부고속도로를 건설했다. 덕분에 오늘날 우리가 얼마나 편리하게 사느냐? 박정희는 과연 멀리 앞을 내다볼 줄 알았다."고속도로의 가치를 발견한 것이 다행인지는 모르지만, 그렇다고 독단적으로 결정한 것까지 칭찬하는 것은 너무 지나쳤다.

지도자로서의 품성을 높이 평가하는 경우도 많다."그는 매사에 과감했고, 솔선수범하였다. 청렴하고, 충직했다." 하지만 박정희의 행적을 검토해 보면 다르게 평가할 수밖에 없다.

탁월한 조직관리 능력과 민첩함을 이유로 박정희를 지지하는 시민들도 있다. 과연 그는 적과 아군을 엄격히 분리해, 적을 무자비하게 탄압했다. 또, 국가의 물적 자원을 추종세력과 나눠 가짐으로써 충성관계를 다졌다. 절차상으로 보든, 도의적인 측면에서 보든 문제가 많은 부분이다.

명백한 사실은 그가 기회에 민감했고, 매사에 누구보다 빠르고 단호하게 대처했다는 점이다. 가령 한일국교정상화의 문제라든가 베트남 파병을 결정하는 문제에 관하여 야당은 물론이고 시민들이 적극적으로 반대했다. 그럼에도 그는 모든 일을 자신의 뜻대로 관철하였다. 언제나 그는 자신의 정치적 미래가 달려 있다고 판단되는 문제에 대해서는 주저함이 없이 단호하게 대처하였다. 그는 강한 의지의 소유자였다. 이것이 때로는 그의 장점으로 기능하기도 했다. 그러나 치명적인 단점일 때가 실은 더 많았다고 볼 수 있을 것이다.

요컨대 박정희가 살아서는 막강한 권력을 행사했고, 죽어서는 높은 인기를 누리게 된 데는 여러 가지 이유가 있었다. 그 핵심은 두 가지, 곧 산업화에 끼친 공적과 리더십으로 간추릴 수 있다. 아래에서는 관련 내용을 몇 가지로 나누어서 좀 더 깊이 알아보자.

주술사 박정희

박정희는 한국 역사상 유례없는 독재자였다. 어떻게 이런 사람이 역사의 전면에 등장할 수 있었을까? 그럴 만한 역사적 배경이 있었다고 생각한다.

1910년 8월 29일, 한국은 일본에 나라를 잃었다. 모든 한국인이 일제의 종살이를 강요당했다. 저들의 억압이 계속된 35년 동안 한국인들의 뇌리에는 늘 한 가지 질문이 떠나지 않았다. "왜 우리에게는 인물이 없나? 강력한 의지로 우리를 잘살게 이끌어줄 지도자가 왜 없나?" 상해 임시정부에는 기라성 같은 인물들이 있기는 하였다. 그러나 그들은 열악한 국내외의 환경을 극복하지 못하고 갈등과 분열을 겪을 뿐이었다. 그랬기 때문에, 원대한 포부를 가진 강력한 지도자에 대한 한국인의 염원은 더욱 깊어졌다.

1945년 8월, 해방과 더불어 해묵은 소망이 달성될 것도 같았다. 얼마 지나지 않아 남쪽은 이승만, 북쪽은 김일성이 지도자로 부상했다. 남쪽의 우리 시민들은 이승만에게 기대를 걸었으나, 꿈은 여물지 않았다. 도리어 시민들은 굶어 죽을 지경이 되었다. 1960년 '4월 혁명'으로 이승만은 역사의 무대 뒤로 쓸쓸히 사라졌다.

박정희는 빈곤에 시달리는 민심의 소재를 알았다. 그리하여 그는 '경제개발'이란 구호를 내세웠다. 대통령 박정희는 모든 매체를 이용해서 '경제'의 중요성을 강조했고, 자신의 업적을 한껏 과장해서 지속적으로 선전했다. 심지어 그의 업적에 대한 과도한 찬양이 각급 학교의 교과서에도 중복 게재되었다. 오늘날 많은 시민들이 그를 성공한 대통령으로 기억하는 것은, 바로 박정희에게 세뇌되었기 때문이 아닐까?

내가 보기에 박정희는 정치적 주술사였다. 그는 대중을 설득하고 동원하는 데 재주가 있었다. 몇 가지만 예를 들어

보자. 1960~1970년대에 학교를 다닌 세대는 '국기에 대한 맹세'의 '감동적인' 추억을 가진 경우가 많다. "나는 자랑스러운 태극기 앞에 조국과 민족의 무궁한 영광을 위하여 몸과 마음을 바쳐 충성을……" 아침저녁으로 국기가 오르고 내릴 때마다 울려 퍼지던 이 다짐에 가슴이 울렁거리고 코끝이 시큰했다고 말하는 친구들이 내게도 적지 않다.

'국기에 대한 맹세'는 한동안 나라 없이 '2등 국민'으로 살았던 한국인들에게 치유의 묘약이었다. 이제 충성을 다할 조국을 되찾았다는 현실을 일깨움으로써, 박정희는 믿음직하고 성공적인 지도자의 이미지를 각인시켰다.

시민에 대한 박정희의 세뇌작업은 성공적이었다. 그는 자신의 신념과 가치를 효과적으로 주입시킬 방법을 알고 있었다. 1968년 12월 5일 그가 공포한 '국민교육헌장'이 좋은 본보기였다. 그 첫줄에는, "우리는 민족중흥의 역사적 사명을 띠고 이 땅에 태어났다"라고 못 박았다. 이 헌장은 각종 행사 때마다 반드시 낭독하게 되어 있었다. 어린 학생들은 물론이고 시민들 모두가 가슴이 두근거리고 신이 나기도 하는 구절이었다.

국민교육헌장에는 박정희가 강력히 원하는 주문이 여러 차례 등장했다. "나라의 발전이 나의 발전의 근본임을 깨달아"라는 구절이 대표적이었다. 되짚어보면, 이것은 아주 끔찍한 전체주의적 발상이었다. 민주적 가치의 전도였다. 개인보다 먼저 조국이 있다고 선언하였으니 말이다. 군국주의자요, 전체주의를 추구한 독재자 박정희는 자신의 정치이념을 시민들에게 주입하기 위해 갖은 노력을 다했다.

박정희는 온 나라를 대표하는 존엄하고 친근한 가부장이었다. 모내기철이 되면 그는 모심는 농부들 사이를 비집고 들어갔다. 벼 베는 현장에도 밀짚모자를 쓰고 나타났으며, 논두렁에서 농민들과 막걸리를 나눠 마셨다. 또, 공장과 다리를 비롯한 주요 산업시설의 준공식 현장에도 빠짐없이 나타났다. 이제 모든 것이 계획대로 잘 되고 있으며, 대통령 박정희는 나라를 위해 밤낮으로 바쁘다는 사실을 시민들의 뇌리에 각인시키기 위해서였다. 이것은 물론 정치적 연기였다. 그러나 끊임없이 반복되는 이 연기가 결국에는 주술적 효과를 발휘하게 되었다.

알고 보면, 박정희라는 사람은 의외로 성격이 소심하고 의심도 많은 그런 사람이었다. 그러나 대중매체의 왜곡으로 그는 과감하고, 과묵하며, 영웅적인 인물로 조작되었다. 히틀러와 스탈린, 모택동과 김일성만큼이나 그는 대중매체를 활용할 줄 아는 정치가였다.

식민사관의 포로

박정희는 민주사회의 지도자가 되기에 부적절한 인물이었다. 그의 허다한 결함은 뒤틀리고 그릇된 그의 역사인식과도 깊은 관계가 있었다.

그는 『국가와 혁명과 나』(1963)라는 책에서 자신의 역사관을 이렇게 요약했다. "우리의 반만년 역사는 한마디로 말해서 퇴영과 조잡과 침체의 연쇄사였다." 문제의 책에서 그는 우리 정치사를 강대국에게 굴종해 온 치욕의 역사로 간주했다. 외래문화만을 맹목적으로 받아들인 개성 없는 사회, 줄곧 원시 수준에 머문 빈곤한 나라, 게다가 골육상잔의 늪에 빠진 침체의 역사. 이것이 박정희의 가슴에 새겨진 한국사였다.

부지불식간에 박정희는 일제의 식민사관을 무비판적으로 받아들인 셈이다. 식민사관의 포로였던 박정희는 당파성과 노예근성을 우리 역사의 대표적인 악덕으로 간주했다. 자주정신과 개척정신의 결핍 역시 한국사의 심각한 문제점이라고 말했다. 과도한 이기심과 불로소득만 탐내는 사회풍조도 한국사의 병폐라고 했다. 박정희의 부정적 역사인식은 과도했다. 그는 우리 모두를 명예심조차 잃어버린 비굴한

군상으로 몰아세웠으니, 우리의 역사적 전통을 깔보아도 너무 심하게 깔보았다.

그에게 남은 선택은 오직 독선과 아집의 철권통치였다. 5·16 군사쿠데타 직후 그가 쓴 책『우리 민족의 나아갈 길』에는 가령 "민주주의라는 빛 좋은 개살구는 기아와 절망에 시달리는 국민 대중에게는 너무 무의미한 것이다"라는 섬뜩한 언사가 있다. 민주주의란 당시 한국 사회에 불필요하다는 말이다. 앞뒤 맥락으로 보아 누구든 박정희를 반대하면 "당쟁"과 "이기심"의 화신으로 취급되어 마땅했다. 실제로 그는 정적을 무자비하게 탄압했다.

그가 세상을 뜬 지 30년이 되었지만 수구 기득권 정당 주변에는 그를 떠받드는 이들이 아직도 많다. 심지어 어느 고위급 정치가는 만일 박정희가 야당의 주장에 굴복했더라면 근대화는 불가능했다는 식의 위험한 발언까지 서슴지 않는다. 하지만 독재자의 엉터리 역사관이 빚은 비극적 결과로서 우리는 사회적 갈등과 분열에 오래도록 시달리고 있다. 지도자의 역사인식 여하에 공동체의 미래가 좌우된다.

박정희 신화

박정희를 지지하고 추종하는 사람들은 그를 청렴결백한 멸사봉공의 화신으로 받든다. 허나 그가 돈을 몰랐다는 주장도 거짓말이다. 그의 아들딸들은 수백억대 유산을 물려받지 않았나. 방송국에, 대학교, 장학재단에다 육영재단, 정수재단에 이르기까지 막대한 재물이 있었다. 이 재산은 성실하게 저축하여 모은 재산이 아니라, 권력을 이용해 탈취한 것이었다는 점에서 도덕적으로 비판받아 마땅하다. 그 재산의 일부는 훗날 전두환의 신군부가 침탈했다지만, 남은 재산만도 천문학적이다. 이를 서로 차지하려고 독재자의 자녀들은 갖은 추태를 다 보였다.

추종자들은 박정희가 비록 독재를 했다 한들, 그것은 조국과 민족을 위한 그의 충정 때문이었다고 변명한다. 그러나 독재는 미화될 수 없다. 그는 국가원수모독죄 따위의 가소로운 죄목을 들먹이며 긴급조치권을 발동했다. 야당과 언론뿐만 아니라, 학생과 민주시민이 그의 공포정치에 시달렸다. 1979년 가을, 심복 김재규의 총탄에 쓰러지던 마지막 순간까지도 박정희는 자신의 영구집권체제를 강화하느라 혈안이 되어 있었다. 실상 그는 우국충정과는 거리가 멀었다.

그의 독재정치는 많은 후유증을 남겼다. 박정희의 죽음으로 전두환 군부독재가 등장하였고, 또 그로 인하여 5·18 민주항쟁의 피어린 역사가 시작되었다.

허구로 가득 찬 박정희 신화는 우리 사회 모든 구성원의 불행이다. 엄밀히 말해 그는 민주주의의 파괴자요, 지역갈등과 양극화의 주범이었다. 생태 파괴의 원인제공자이기도 하였다. 그런데 아직도 그를 미화하고 그의 이름에 기대어 정치적 야심을 키우는 정치가들이 많다. 불멸의 박정희를 주장하는 그의 신화는 이제 막을 내려야 한다.

경제성장의 허구

박정희의 통치는 당대는 물론이고 후세에도 많은 고민거리를 안겨주었다. 무엇보다도 박정희의 경제개발이 선전과는 달리 큰 성과를 거두지 못했다는 점을 강조할 필요가 있다. 그의 업적이란 겉만 요란했지 실속이 없었다. 외자를 도입해서 공장을 짓고, 저임금 노동자를 장시간 혹사시키는 구조였다. 새 농기계를 구입해 논밭을 경작하지만, 소득은 늘지 않고 빚이 쌓여가는 농촌의 현실과 유사했다.

그는 어떻게 그 많은 외자를 빌릴 수 있었을까? 그것만 해도 대단한 능력이 아닌가? 그에게 호의를 가진 사람들은 이런 반론을 제기한다. 한국에 산업화가 본격적으로 시작된 1960년대는 서방세계가 장기호황을 누렸다. 그리하여 미국을 비롯한 이른바 서방세계의 제3세계 경영전략에 큰 변화가 일어났다. 박정희는 남북분단이라는 한국의 특수상황을 이용해 그런 시세에 편승하기가 쉬웠다.

1950년대에는 서방의 강대국들이 가난한 나라를 자기편으로 끌어들이기 위해 원조물자를 제공했다. 그런데 1960년대 이후에는 그 나라들에 외채를 빌려주기 시작했다. 말하자면 새로운 경영기법이 등장한 것이다. 잘사는 서방국가들은 자국의 생태계를 망가뜨리는 더럽고 냄새나는 공장을 후진국으로 이전하기를 바랐다. 그리하여 싸구려 물건들을 대량으로 공급해 줄 나라가 필요하였다.

하필 박정희가 아니었어도, 아마 유사한 선택을 하게 되었을 것이다. 미국과 일본 등의 강대국은 한국이 그들의 하청국가가 되기를 원했다. 그에 따라 박정희의 경제개발은 '노임 따먹기'식 하청국가로의 편입을 뜻했다. 한국은 미국과 일본에 예속된 새로운 형태의 경제식민지가 되고 만 셈이다. 그들 강대국의 요구로 국내의 산업불균형은 가중되었다. 또한, 외채의 도입은 만성적 인플레이션을 낳았다. 대다수 시민들은 생계를 잇기 어려웠다. 박정희의 경제개발은 새롭게 탄생한 특권재벌과 그들의 중간관리인들에게는 분명한 축복이었다.

1970년대에는 한국이 하청국가의 위상을 지키기도 어려워졌다. 미국과의 갈등도 노골화되었다. 미국의 카터 대통령은 박정희의 독재정치를 문제 삼았다. 유신헌법 아래서 박정희의 반민주 행태가 악화되자 카터 정권은 주한미군의 철수를 주장하며 박정희를 압박했다. 발등에 불이 떨어진 박정희는 자주국방을 외치며, 핵무기 개발을 서둘렀다. 그러나 미국의 통제와 감시가 심하여 성공할 수 없었다.

한일국교정상화와 베트남전쟁

한국의 산업화 과정에는 두 가지 국제적 사건이 개입되었다. 한일국교정상화와 베트남전쟁이었다. 미국은 한–미–일 삼각 방위체제를 구축하려고 했는데, 한국과 일본 사이에 국교가 성립되지 않아 일을 제대로 추진하지 못하였다. 그래서 박정희에게 한일국교정상화를 조속히 마무리하도록 주문했다. 한일국교정상화가 추진되는 과정에서 독도의 운명이 다소 애매하게 되었다.

1965년 1월 11일 정일권 국무총리와 우노 소스케 자유민주당 의원은 서울의 범양회사 회장의 자택에서 만나 '독도밀약'을 맺었다. 밀고 당긴 끝에 양측은 다음의 세 가지를 약속했다. 첫째, 독도는 한국 땅이기도 하고 일본 땅이기도 하다. 양국 정부가 자국민을 상대로 유리한 주장을 할 수 있게 하자는 것이었다. 둘째, 독도에 대한 한국의 실질적인 지배권은 인정하나, 1960년의 지배 수준 이상이 되어서는 곤란하다는 것이었다. 끝으로, 두 나라는 독도를 포함하는 자국의 해역을 정하며, 만일 양국의 이익이 충돌하는 부분이 발생하면 양국이 타협하기로 하였다. 이로써 양국 간의 국교 정상화가 타결되었다. 그 대가로 박정희 정권은 수억 달러를 제공받았다. 그것은 장차 한국 정부가 일제강점기의 징용, 징병, 정신대 및 청구권 등에 대해 다시는 거론하지 않겠다는 조건부였다.

이 협상이 일본 측의 입장에서는 헐값으로 얻은 일종의 면죄부였다. 반면에 한국의 시민들에게는 씻지 못할 상처가 되었다. 그리하여 한국 내의 여론은 격앙되었다. 일제강점기의 고통을 이런 식으로 헐값에 팔아먹다니, 명백한 매국

행위라는 비판이었다. 그래도 박정희는 태연하였다. 산업화를 서두르는 그에게는 일본의 경제적 지원이 무엇보다 절실하였다.

다음은 베트남 파병에 관한 문제이다. 여러 해째 베트남 전쟁의 수렁에 깊이 빠진 미국은, 제3국의 협력이 필요했다. 그러나 단 한 나라도 미국의 취지에 부응하지 않았다. 박정희는 미국이 곤경에 빠진 사실을 탐지하고 파병의 결심을 굳혔다. 그는 미국의 국익을 위해 한국군을 베트남에 보내겠다고 제안하여, 케네디를 놀라게 하였다. 박정희의 계산에 따르면, 베트남 참전이 성사될 경우 미국으로부터 수십억 달러의 원조를 받을 수 있을 것이었다. 과연 참전의 대가로 한국 측에 경제적 이익이 발생하였다. 이것이야말로 한동안 박정희의 정치적 인기를 보장하는 안전판과 같았다. 베트남 파병에 대해서도 반대여론이 압도적이었으나, 그는 괘념하지 않았다.

이상의 두 가지 경우에서 확인하였듯, 박정희는 국가의 중요시책을 결정할 때 시민들의 여론이나 야당의 견해를 무시했다. 그는 국가의 운명을 자신의 뜻대로 결정하는 것을 당연시했다.

허망한 하청국가

산업화가 어느 정도 궤도에 오르자 한국은 미국과 일본 등 일부 선진국의 하청국가가 되었다. 생산설비를 확충하려면 계속적으로 새로운 시설투자가 필요했다. 박정희는 지속적인 대규모 외자도입으로 이 문제를 해결하였다. 박정희의 경제개발은 그런 식이었다.

그는 자신의 뜻을 충실히 따르는 기업가들에게 특혜를 주어 재벌로 키웠다. 마치 절대권력을 행사하는 군주와도 같았다. 국가의 경제규모는 꾸준히 확대되었으나, 부실기업도 많았고 특혜로 배를 불린 일부 기업가들과의 정경유착도 많은 폐단을 낳았다. 박정희의 경제개발은 오늘날 일반사람들이 짐작하는 것처럼 순리에 따라 진행되지 못했다. 외채는 눈덩이처럼 불었으나, 기업의 국제경쟁력은 보잘것없었다. 노동자의 권익을 극도로 제한하여 겨우겨우 수지를 맞추는 상황이었다.

한국 사회의 양극화는 나날이 심각해졌고, 생태계는 몸살을 앓기 시작하였다. 시민들의 고통은 형언하기 어려웠다. 당시 서민들의 실상을 고발한 소설 『난장이가 쏘아올린 작은 공』(조세희)을 읽어보면, 비참했던 삶의 현장이 손에 잡힐

듯 다가온다. 여기저기서 난개발이 벌어졌고, 그때마다 부
동산 투기가 기승을 부렸다. 허다한 도시의 빈민들은 개발
의 희생자로 전락해, 삶의 터전을 잃고 부평초처럼 이리저
리 떠밀렸다.

김지하라는 젊은 시인이 있었다. 지금은 흉악스럽게 변
절하고 말았으나, 한때는 필명이 높았던 사람이다. 그가 쓴
「오적」이란 시에는 박정희 시대의 부정부패가 얼마나 심했
는지 잘 나타나 있다. 일반 시민들의 생계를 위협한 또 다른
문제는 물가상승이었다. 해마다 10퍼센트, 20퍼센트씩 오르
는 물가에 적절히 대처하기란 매우 어려웠다.

어쩔 수 없는 관동군 장교

이 모든 상황을 통제하기 위해 박정희는 '통제 경제'와
'통제 사회'를 통치의 공식으로 삼았다. 1930년대 이후 관동
군도 만주에서 그러하였다. 관동군은 매사에 '속도'와 '획일
성'을 주문하였다. 그들은 그런 식으로 사회간접자본을 확
대하고, 수출 위주의 산업정책을 추진하였다. 그들이 바랐
던 계획경제를 달성하려고 5개년 계획도 만들었다. 박정희

정권 역시 전후 네 차례에 걸쳐 '5개년 경제개발계획'을 추진하였다.

박정희 정권은 차츰 미국의 간섭에서 벗어나 자력으로 경제계획을 운영하였다. 그러자 한국의 경제계획은 더욱더 관동군의 색깔을 띠었다. 박정희는 관동군과 마찬가지로 '반자본주의적 정서'를 가지고 있었다. 그는 끝까지 군국주의적 성향을 청산하지 못하였다. 모든 것은 독재자의 지시에 따라 계획하고 통제되었다.

과거 관동군은 중공업 분야에 강한 집념을 나타냈다. 그들은 자기들이 집권하기 전부터 사업을 개척한 남만주철도회사를 견제하기 위해 '닛산 콘체른'이라는 중공업계의 신흥재벌을 창출했다. 관동군의 지도 아래 닛산은 빠르게 성장했다. 그리하여 1930년대 만주의 철강 생산량은 일본 본토를 앞지를 정도였다.

철강을 비롯한 중공업 분야에 대한 박정희의 집념도 이례적이었다. 그는 악조건에도 굴하지 않고 포항제철을 창립(1968)하는 등, 중공업 진흥책을 강력하게 밀고 나갔다. 박정희는 관동군의 선례에 따라 한국의 신생재벌에게 일정한 활동분야를 배정하고, 각종 특권을 보장해 주었다. 박정희의 '계획경제'는 사회주의 국가를 연상하게 할 정도였다. 관동군의 경우와 다르지 않았다.

관동군의 계획경제는 일면 성공적이었지만, 그것이 현지인들에게는 별로 이득이 되지 않았다. 성장의 열매는 고스란히 일본인들에게 넘어갔다. 만주는 저들의 군수물자보급창으로 전락했고, 대다수 현지인들은 전통적 생산기반인 토지마저 박탈당했다. 박정희의 산업화도 그 귀결점이 비슷했다. 외화내빈外華內貧, 겉만 화려했다. 산업화 과정에서 소수의 특권층이 형성되어 부를 독점했다. 박정희에게 충성을 맹세한 소수 신흥재벌과 고급군인, 전문 관료집단 등만 성장의 혜택을 누렸다.

그들이 부정부패를 일삼고, 부동산 투기를 부추기는 사이 서민경제는 혼란에 빠졌다. 그러지 않아도 뿌리가 미약했던 한국의 민주주의는 완전히 질식되었고, 전통문화와 농촌공동체는 완전히 파괴되었다. 박정희가 줄곧 외쳤던 '국민총화'의 가능성은 사라졌고, 시민들은 빈껍데기뿐인 성장의 그늘에서 물가고와 주택난에 시달렸다.

경제성장에 관한 글을 마치면서 나는 두 가지를 이야기해두고 싶다. 첫째, 박정희는 재벌이 초래할 부작용을 제대로 예측하지 못했다는 점이다. 그는 장차 재벌들이 한국의 정치는 물론 사회 전반을 지배하는 폭력적 존재로 자라날 줄은 꿈에도 상상하지 못했다. 둘째, 박정희는 철저한 군국주의자였다는 점이다. 한국 현대사회에서 군사·정보·공안 분야의 전문가들이 무소불위의 권력을 행사하게 된 배경이다. 그들이 노동과 시민사회의 발전을 가로막아, 민주사회로의 이행은 험로를 뚫지 않으면 불가능하게 되었다.

새마을운동의 허상

많은 사람들이 박정희의 새마을운동을 칭찬한다. 집권 초기에 그가 농어촌 고리채를 정리하고 부채를 탕감한 일은 있었다. 그러나 전반적으로 그의 농업정책은 실패하였다. 그 결정판은 바로 새마을운동이었다. 이 운동으로 인해, 농촌과 어촌을 비롯한 한국의 전통사회가 철저히 붕괴되었다. 또, 풀뿌리 민주주의와 닮았던 재래의 자치제 역시 사라졌다.

일제강점기까지도 마을 이장은 주민들이 선출했다. 자연스레 마을의 크고 작은 일은 주민 다수의 의사에 따라 결정되었다. 그러나 새마을운동이 시작되자 변화가 찾아왔다. 이장과 새마을 지도자는 관청의 명령을 일방적으로 전달하고, 주민을 감시하는 말단기관의 간부 역할을 하였다. 그들은 마을의 대표자가 아니라, 독재정부의 일꾼이 되고 말았다. 일제강점기 때 조선총독부가 간절히 바랐던 소망이 드디어 이뤄진 것이다. 새마을운동은 고유한 자치의 전통을 말살한 흉악범이었다.

새마을운동은 표방하는 바와는 달리 대기업의 경제적인 이익을 보장했다. 국내의 경제성장이 한계에 도달하자, 박정희 정권은 내수경제를 촉진하기 위한 한 가지 묘책을 새마을운동에서 찾았다. 시골길을 시멘트로 덮고 초가지붕을 슬레이트로 바꾸는 것은 정부가 주도한 '환경미화' 사업이기 전에 재벌기업의 이익에 봉사하는 내수경제 살리기의 일환이었다. 가령 슬레이트 지붕은 여름에는 더욱 덥고 겨울에 더욱 추운 불량주택을 양산하는 일이었다. 거기에 사용된 막대한 경비는 모두 국고와 농민들의 호주머니에서 나왔으나, 경제적 이득은 기업의 몫이 되었다.

박정희의 통치가 장기간 계속되자 농가소득은 더욱 줄어들었다. 농촌의 위상은 계속해서 떨어졌다. 그러다가 결국에는 도시의 내부 식민지로 전락하였다. 예컨대 충남 홍성은 1950년대만 해도 충남 서부의 중요한 거점지역이었다. 그러나 대도시 중심의 산업화정책이 전개되자, 개발 소외지역이 되어 궁벽한 시골로 전락했다. 재차 강조하지만 박정희의 산업화정책으로 가장 큰 피해를 입은 것은 대다수 농민이었다. 노임 따먹기가 목적이었던 만큼 박정희는 저곡가정책을 밀어붙였다. 게다가 미국산 잉여농산물을 마구 수입해 국내 시장의 교란을 가져왔다. 그런데도 박 정권은 물가 안정과 과중한 군사비 부담마저 농민들에게 떠넘겼다. 농촌에는 다시 고리대가 성행할 정도로 생활기반이 파괴되었다. 80퍼센트도 넘는 농민들은 정부의 수매가가 생산비에 못 미친다며 비판했다.(『동아일보』 1970. 1. 19)

희생을 강요당한 농민들은 이농의 벼랑으로 내몰렸다. 이 농가구의 7할은 경작규모 1정보 미만의 소농들이었다. 공룡도시 서울과 수도권의 탄생은 참담한 농촌 붕괴의 결과였다. 산업노동자가 된 것은 젊은 여성들뿐이었다. 가장을 비롯한 나머지는 노점상과 막노동판으로 밀려났다. 박정희 정권은 스스로 산업화의 공적을 추켜세우며 '한강의 기적'이란 말을 만들어냈으나, 농촌의 비참한 실상과는 거리가 멀었다.

새마을운동은 특유의 기만술책일 뿐이었다. 초가지붕을 슬레이트로 바꾸고 골목길을 시멘트로 포장하는 데 그친 이 운동은 재벌기업의 이익으로 직결되었다. 그리고 유신체제의 말단 관리인에 불과한 '새마을운동 지도자'를 전국에 배치해 감시와 통제를 강화하는 것. 독재자에게는 이것이 주목적이었던 것이다.

새로운 출발을 위하여

이제 이야기를 마무리할 때이다. 많은 이들이 1970년 11월 13일의 일을 기억할 것이다. 그날 평화시장에서는 재단사로 일하던 한 청년이 "근로기준법을 준수하라! 우리는 기계가 아니다!"라고 외치며 자신의 몸을 불살랐다. 바로 '아름다운 청년, 전태일'이다. 엄연히 법으로 정해진 근로시간도, 공휴일도, 노동현장에서는 전혀 지켜지지 않았다. 그리하여 전태일은 자신의 생명을 희생시켜가며 근로기준법의 이행을 촉구하였다.

1979년 8월, 서울에서 '와이에치YH 사건'이 일어난 것도 같은 맥락이었다. 국민소득 1천 달러가 되면 자유와 민주주의를 허락해 줄 테니 그때까지 허리띠를 졸라매라고 시민들을 회유했던 박정희의 약속은 지켜질 전망이 없었다. 열악한 노동환경과 거듭된 체불에 시달리던 여성노동자들이 야당 당사를 찾아와서 단식파업투쟁을 벌일 정도였다. 노동현장이 이처럼 악화되자 제1야당의 당수 김영삼은 그들에게 동정을 표하였다. 그러자 박정희는 김영삼을 국회에서 제명하라고 명령했다. 이것이 결국 '부산마산항쟁'의 도화선이 되었다.

사건이 커지자 권력 내부에 균열이 생겼다. 마침내 박정희는 고향 후배 김재규 중앙정보부장의 총에 맞아 사망했다. 김재규가 그 자리를 오래 지킬 수 있었던 것은 우유부단하고 약한 사람이었기 때문이라 한다. 똑똑하고 야심적인 사람을 중정부장에 임명하면 대통령의 자리를 넘볼 수 있기 때문이었다. 이후락, 김형욱, 김종필이 그런 혐의를 입고 자리에서 축출되었다. 이런 전례에 비추어, 박정희는 고르고 골라서 고향 후배 김재규에게 중앙정보부를 맡겼다. 그런데도 그의 손에 최후를 맞았다. 참으로 아이러니한 일이다.

앞서 서술한 대로 박정희 덕분에 이만큼 잘살게 되었다는 주장은 실로 한심하다. 그는 수출만능을 부르짖으며 재벌을 키웠고, 거기서 한국 사회의 허다한 고질병이 싹텄다. 산업시설이 특정 지역에 편중되어 지역갈등의 골이 더욱 깊어졌고, 재벌의 전횡, 극심한 대외무역 의존도로 인해 남의 눈치만 살피게 되었다. 신자유주의가 이토록 기승을 부리고, 농촌공동체가 해체되고, 환경오염이 도를 넘게 된 것도, 그 시작은 그가 첫 단추를 잘못 꿴 데 있다.

그는 정치의 곡예사요, 변신의 귀재였다. 초등학교 교사로 출발해 일본군 장교, 대한민국 군인, 좌익 프락치, 쿠데타의 주역을 거쳐 대통령이 되었다. 그는 거기에 만족하지 않고, 개헌과 유신을 차례로 단행하여 영구 집권의 야망을 좇았다. 그러나 그 야욕은 채워지지 못하였다.

박정희는 결코 시민사회가 바라는 지도자가 아니었다. 생태의 관점에서 보면 더욱 그러하였다. 그는 무분별한 난개발로 생태계를 파괴하였고, 오랜 자치의 전통을 사실상 말살하였다. 중앙에 대한 지방의 종속을 강요하였고, 강대국에 대해서는 스스로 하청국가의 소임을 자청하였다. 게다가 남의 나라 전쟁에 끼어들어 무고한 인명을 살상하고 그 대가로 경제적 이익을 꾀했다. 또, 정경유착으로 재벌구조를 만들어 장차 한국 사회에 많은 어려움을 초래하였다. 그는 노동자의 권익도 철저히 무시하였으며, 섣불리 핵폭탄의 개발을 추진하기도 하였다. 박정희의 삶은 생태적 가치와 동떨어진 것이었다.

독재자 박정희는 오늘날 우리가 선택할 지도자의 표본이 될 수 없다. 그와 같이 자신의 권력을 강화하는 데 혈안이

된 정치가는 기피 대상이다. 우리의 소망은 정치현실의 일 대전환이다. 민주적인 생태공동체를 지향한다면 일개 정치가보다는 시민의 적극적인 정치참여를 더욱 소중하게 여길 것이다.

'4대강'과
'후쿠시마'의 비극을 넘어

생태적 관점에서 볼 때 이명박 정권이 일으킨
'4대강사업'은 문제가 매우 많다. 일본에서 일어난
'후쿠시마' 핵발전소 사고 역시 마찬가지다. 이것은
현대문명의 재앙이 시작되었음을 알리는 신호탄일 것이다.

생태적 관점에서 볼 때 이명박 정권이 일으킨 '4대강사업'은 문제가 매우 많다. 이웃나라 일본에서 일어난 '후쿠시마' 핵발전소 사고 역시 마찬가지다. 이것은 아마 현대문명의 재앙이 시작되었음을 알리는 신호탄일 것이다. 유전자 변형, 줄기세포, 장기이식 등 현대과학문명 전반이 몰고 올 재앙의 시작이란 뜻이다. 인류에게만 희생을 요구한 그런 재앙도 아니요, 생태계 전체를 파괴시킬 가공할 재앙이 뒤따를지도 모른다.

문명의 재앙은 과거에도 있었다. 마야의 이야기를 잠깐 해 보자. 본래 북아메리카 원주민이었던 마야 사람들은 중남미지역으로 남하하여 신문명을 건설하였다. 그 문명은 3천 년 이상 지속되었으나 10세기쯤 저절로 붕괴해버렸다. 훗날 신대륙의 정복자들은 마야의 풍부한 역사기록을 미신이라며 몽땅 불태웠다. 자연히 마야문명의 역사는 망각의 늪에 빠져버렸다. 하지만 현대과학기술 덕택에 한 가지 중요한 사실이 드러났다.

마야 사람들은 건축에 필요한 회반죽을 확보하고 또 주

업인 화전 농업을 지탱하기 위해 삼림을 마구 훼손하였다는 점이다. 그리하여 그들은 자연재해에 무방비 상태가 되었다. 허리케인과 폭풍우가 더 큰 재앙을 불러왔고 지력도 고갈되었다. 식량부족 사태가 만성화하면서 자원쟁탈전이 전쟁으로 비화하였고 전염병도 잇따랐다. 마야의 종말은 생태계를 파괴시킨 데 대한 자연의 응답이었다. 공포에 휩싸인 마야 사람들은 2012년까지라도 살아남기를 바라며 신들에게 매달렸으나 부질없는 짓이었다.(마야 달력의 제작) 마야 달력은 우리에게, 더 늦기 전에 생태 회복을 위한 결단을 내리라고 촉구한다.

현대문명의 위기는 어디서부터 시작된 문제일까? 역사적으로 볼 때 나는 이 모든 위기가 물질주의에서 시작된 문제, 정확히는 '자본주의의 문제'라고 확신한다. 과학과 산업과 자본의 결탁이 빚은 참극이란 뜻이다. 그 시작은 이른바 '서구의 근대적 휴머니즘'이고, 더 깊은 뿌리는 그들의 '르네상스'에 있다고 생각한다. 인간의 욕망을 풀어놓기 시작한 것이 바로 '르네상스'였기 때문이다.

본질적 의미에서의 휴머니즘 운동이 이제 다시 시작되어야 한다. 그것은 곧 유가의 '대동'大同과 같은 사상일 것이다. 도가도 불가도 동의하는 동아시아의 전통사상에서 답을 찾아볼 수도 있다. 그렇다면 그것은 우주와 사람이 함께 하는 '천인합일'天人合一의 이상이라고 할 수도 있겠다. 평소 나는 이런 생각을 가지고 있었다. 그리하여 신문지상에 이런 내 생각을 여러 편의 글로 쪼개어 흩어 놓았다.* 부끄럽게도, 짧은 것은 내 글만 아니라 내 생각 자체일 것이다. 그럼에도 생태적 입장에서 문명사적 전환을 꾀하는 시민들과 나누고 싶다. 우리의 우정과 연대를 위하여 도움이 되었으면 좋겠다.

사회진화론이 문제다!

생각의 끄트머리를 잡고 올라가다 보니, 찰스 다윈(1809~1882)과 만나게 되었다. 그는 진화론을 확립했다. 역저『종의 기원』에서 그는 어떻게 새 종자가 탄생하는지를 설명했다. 그는 '자연선택설'이라는 새 이론을 고안했다. 말하자면, 환경에 가장 잘 적응하는 개체와 종은 살아남지만 나머지는

---

* 이 장에 실린 글들은 대부분 2008년 가을부터 2013년 초까지『한겨레』에 연재한 고정칼럼「백승종의 역설」에서 발췌한 것들이다.

소멸하고 만다는 주장이었다. 후세의 많은 사람들이 다윈의 이 말에 공감했다.

진화론이 처음으로 세상의 이목을 끈 것은 이미 18세기 중엽이었고, 그것도 프랑스에서였다. 뷔퐁은 온도와 먹이로 인해 생물체의 진화가 일어난다고 생각했다. 라마르크는 한 걸음 더 나아가, 무기물에서 단순 생물체가 자연 발생하며, 이것이 차츰 복잡한 종으로 진화한다고 추론했다. 또한 그는 종의 진화 과정에는 새로운 유전형질이 형성되기도 한다고 주장했다. 하지만 당시 유럽의 학계는 진화론을 별로 인정하지 않는 분위기였다. 진화론은 아직 실증되지 못한 하나의 추론에 지나지 않았다.

과학적 실증의 힘을 빌려 진화론의 위상을 끌어올린 이는 다름 아닌 다윈이었다. 젊은 시절, 그는 해군 측량선 비글호에 동승하여, 남미는 물론 남태평양 여러 섬과 오스트레일리아까지 탐사했다. 특히 갈라파고스제도에서 그는 동식물의 변종과 지질 변화를 암시하는 자료를 많이 수집했다. 여행에서 돌아온 다윈은 연구실에 틀어박혀 진화론을 입증할 만한 사례를 집대성했다. 『종의 기원』은 이렇게 탄생했다.

이 책의 출판은 대성공이었다. 다윈에게 경도된 허버트 스펜서(1820~1903)는 사회다윈주의 또는 사회진화론을 부르짖었다. 적자생존이 진화의 동력으로 작용하듯, 약육강식에 따른 우승열패야말로 사회 발전의 토대라는 극히 위험한 주장이었다. 여기서 우리가 잘 생각해 볼 점이 있다. 따지고 보면, 오늘날 세계경제를 파탄으로 몰고 가는 신자유주의도 사회진화론의 산물이었다는 점이다.

다윈은 인종차별을 반대하는 평등주의자였다. 그는 노예제의 폐지를 주장했고, 심지어는 인간과 동물인 개의 본성에도 하등의 차이가 없다고 하였다. 그의 진화론에 등장하는 생존경쟁이란 무한경쟁을 부추기려는 의도를 가진 것이 아니었다. 다윈은 지구상에 현존하는 각종 동식물이 지난 수십억 년 동안 어떠한 변화를 겪으며 살아왔는지를 설명하기 위해 생존경쟁이란 개념을 사용하였다. 다윈은 종과 종 사이의 위계관계를 설정하려는 의도가 없었다.

그러나 사회진화론자들은 다윈의 주장을 왜곡하였다. 그들은 생존경쟁과 약육강식이란 자연계의 현상에 사회적 의미를 부여하고 이를 마음껏 부풀렸다. 이것은 결국 지배층이 피지배층을 지배하는 사회현상을 합리화하는 도구로 전락했다. 강대국이 약소국을 식민지로 삼아 약탈하는 것까지 당연한 일로 간주하게 만들었다. 세월이 흐르자 사회진화론은 더욱 괴이한 변종을 낳았다. 독일의 히틀러는 우수한 아리아인이 열악한 유대인을 말살하는 것은 문제될 것이 없다며, '인종청소'를 주장했다. 깊이 생각해 보면, '무한경쟁'이라든가 '지속가능한 성장'이란 구호를 내세워 지구의 물적 자원을 독점하려는 '신자유주의자'들 역시 사회진화론의 뒤를 이은 셈이다. 이 세상에는 시류에 적응하는 이만 살게 마련이라는 것인데, 이것은 완전히 그릇된 주의주장이다. 우스운 이야기지만 제아무리 먹이를 많이 먹여도 쥐가 고양이나 호랑이같이 되란 법은 없다. 다윈의 진화론은 결코 그런 식의 저급한 주장이 아니었다.

이 땅에 사회진화론이 처음으로 발을 붙인 것은 19세기 말이었다. 그 흐름은 길게 이어졌다. 일제의 지배를 하나의 운명으로 알고 거기에 순응한 '친일파'도 있었고, 최강대국인 미국과 소련에게 국운을 맡기려는 외세의존적인 정치가도 적지 않았다. 경제개발만이 유일한 살길이라며 '과잉산업화'를 역설한 이들도 마찬가지였다. 근자에는 '신자유주의'의 기치에 호응해 '자유무역협정'에 열을 올린 이들도 적잖이 나왔는데, 그런 사람들은 대개 천혜의 생태계를 마구잡이로 파괴하는 일에 앞장섰다. 말썽 많은 '4대강 개발'도 그 중의 하나였다.

'4대강 사업'은 시대착오적 발상

이명박 정권의 '4대강 사업'은 그저 단순한 하천 정비가 아니었다. 그것은 '한반도 대운하' 사업의 변형이었다. 도대체 운하란 무엇인가. 흐르는 하천을 손질하든가 맨땅을 파내 배가 다닐 물길을 만들면 그게 운하다. 이것은 노동력이 대량 투입돼야 가능하다. 그래서 고대에는 왕권이 강한 나라에만 운하가 있었다. 가령 아시리아는 이미 기원전 7세기에 산과 암벽을 뚫고 운하를 팠다. 이집트의 왕 느고 2세도 나일강과 홍해를 연결하는 운하 공사를 시작했다. 그 공사 기간이 수백 년이나 되었지만 일단 운하가 완성되자, 무려 천 년 동안 경제적으로 중요한 역할을 담당했다.

고대 중국의 황제들도 앞 다투어 운하를 만들었다. 특히 서기 7세기에 완공된 '대운하'는 당대 최고의 규모였다. 베이징과 항저우를 잇는 이 운하는 총길이가 1,700킬로미터나 되었다. 대운하를 따라 각지의 세금이며 물산이 수도로 집중되었다. 운하의 이용가치는 정치 및 군사적인 측면에서도 높았다. 중세까지도 운하를 비롯한 각종 물길은 뭍길에 비해 비용과 시간 면에서 한층 유리했다. 운하를 파지는 않았지만 우리나라에서도 조선시대까지는 각종 물자가 물길을 통해 운반되는 것이 일반적이었다.

서양도 사정은 비슷했다. 19세기 초까지도 국가권력은 운하 건설 사업에 정열을 쏟았다. 예컨대 영국에서는 18세기 후반부터 60년 동안 새 운하가 100개 이상 완공되었다. 하지만 그것으로 운하는 사실상 끝났다. 철도 운송이 발달하자 운하는 경쟁력을 잃었다. 교통로를 결정적으로 단축하는 경우라면 모를까, 운하에 집착할 경제적 이유는 차츰 사라졌다. 운하는 발달된 육상교통에 비해 속도도 느리고 물동량도 제한되어 있기 때문이다. 지난날 화물선이 북적대던 운하는 이제 관광선만 한가히 오가는 추억의 장소일 뿐이다.

이런 역사적 사실을 이명박 정부는 완전히 무시했다. 그러고는 한반도 대운하 사업을 고집했다. 국민의 비판이 쏟아진 것은 당연했다. 당황한 정부는 대운하 사업의 포기를 선언했으나, 쉽게 물러서지는 않았다. 그들은 명분도 실리도 불분명한 '4대강 살리기 사업'을 강력히 추진했다. 그 예산도 22조 원이나 된다는 사상 최대의 국책사업을 밀어붙였다. 이 사업이 시행되면 수질은 더욱 나빠질 게 분명해 보였지만 정부는 귀도 눈도 틀어막고 모른 체했다. 세상에 이렇게 어이없는 일이 어디 있겠는가. 이 사업의 후환은 오래갈 것이다. 해마다 나타나고 있는 녹조현상은 막대한 예산을 들여 이미 막아 놓은 '보'를 다 허물고, 원래의 상태를 회복할 때까지 계속될 것이다.

이명박 정권은 강의 생태에 무지했다. 18~19세기 우리 조상들이 전국의 강의 흐름과 특징을 정확히 이해한 것과 딴판이었다. 실학자로 이름난 다산 정약용(1762~1836)은 『대동수경』大東水經을 편찬했다. 현재 이 책은 일부만 남아 있으나 책의 요지를 충분히 짐작할 수 있다. 정약용은 녹수(압록강)와 만수(두만강) 등 한강 이북의 강줄기를 일목요연하게 정리했던 것이다. 그 꼼꼼함으로 미루어 볼 때, 한강 이남의 물길을 정리한 다산의 글도 어딘가 남아 있을 법하다.

중부 이남을 적시는 큰 강도 여럿이다. 우선 한강과 낙동강, 금강 및 영산강이 있다. 이른바 4대강이다. 여기에 섬진강과 동강, 남강 등을 더하면 남쪽의 큰 강을 다 헤아린 셈이다. 이들 강가에서 우리 역사의 운명을 결정지은 주요 사건들이 일어났다. 동서고금을 막론하고 강가에서 일어나지 않은 문명이 없었다.

강물의 중요성을 알 리 없는 이명박 정권은 '4대강 사업'이란 것을 시작했다. 막대한 국가예산이 그 사업비로 책정되었지만, 그 비용이 워낙 거액이라 조달하기도 만만치 않았다. 그래서 2009년에만도 그 사업비 충당을 위해 3조 원 가량의 공채를 발행했다. 안타까운 것은 이 공룡사업 이전의 4대강은 멀쩡한 강물이었다는 점이다. 그런데 이런 강물을 다스린다며 아까운 혈세를 강바닥에 마구 쑤셔 넣었다. 세계 역사상 전례가 없는 어리석은 국책사업이었다.

4대강 사업은 여러모로 진기록 감이었다. 우선 이 큰 사업에 예비타당성 조사가 없었으니, 절로 입이 벌어진다. 환경 영향평가도 4개월 만에 뚝딱 해치웠다. 게다가 이 엄청난 사업을 1년 계획, 2년 공사로 마칠 예정이라니 귀신도 탄복할 일이었다. 이만하면 '밀어붙이기' 사업으로 기네스북에 오를 만하였다.

계획대로 강바닥을 깊숙이 파내면 수중 생태계는 교란될 것이라는 양심적인 전문가들의 경고가 잇따랐다. 댐인지 '보'인지 쌓고 보면, 강물이 썩어 수질은 악화되고, 여름철에 홍수라도 지면 사방이 도리어 물바다 될 위험성이 커진다는 예측도 있었다. 정부는 이 사업의 주목적이 홍수도 막고 수질도 개선하는 거라 우겼지만 믿는 사람은 거의 없었다. 우리나라의 홍수는 경기도 연천이나 충청남도 보령 같은 곳에 산재하는 군소 하천이 문제다. 수질도 지류 쪽의 오염이 훨씬 심하다는 조사 결과가 이미 나와 있었다. 그럼에도 불구하고 이명박 정권은 총사업비의 6할을 낙동강에만 들이붓겠다고 큰소리를 쳤다. 이쯤 되고 보면 지역 차별도 도를 넘었다. 목표도 효과도 불분명한 이런 사업을 도대체 누굴 위해, 왜 벌여야 하는가? 잘못된 이 사업으로 인해, 2012년부터 낙동강의 '녹조 라떼' 현상이 해마다 되풀이된다. 불도저가 바닥을 훑어낸 다른 강물도 마찬가지이다. 다 죽은 강물을 어떻게 되살릴 것인가.

불통이 심하니

'4대강 사업'의 과정에서도 여실히 드러났듯, 지난 이명박 정권은 불통 정치의 상징이었다. 뒤이은 박근혜 정권도 그들보다 나빴으면 나빴지 나을 게 전혀 없었다. 대체 '소통'이란 무엇인가. 라틴말에서는 '나누다'communicare란 뜻이었다. 본래 천상의 신이 인간들에게 덕성을 나누어 준다는 의미를 가지는 어휘가 '소통'이었다. 로마 진출에 성공한 기독교회로서는 전도가 바로 본래적 의미의 소통이었다. 근대에는 이 말의 쓰임이 더욱 확대되어 지식 전달의 뜻까지 갖게 되었고, 오늘날에는 의사소통을 가리킨다.

소통의 방법과 범위는 다양하다. 갓난아이는 울음으로 기본 욕구를 표현한다. 그 정도 소통은 원활히 잘 이뤄질 수 있지만 사정이 조금 복잡해지면 상황은 아주 달라진다. 가령 기아와 난민문제, 생태계의 파괴 등 인류 차원의 숙제들은 세상의 온갖 지식을 총동원해도 잘 풀리지 않는다. 어떻게 하면 소통이 가능할까?'

과학기술만으로는 해결할 수 없는 것이 소통이다. 근본적인 의미에서 내가 말하는 소통은 '사회적 행동'이다. 그것은 하나의 문제의식을 사회가 공유할 때에만 가능하다. 자신의 이익에만 집착할 경우 문제의식이 공유될 리 만무하다. 가령 4대강의 바닥을 파헤쳐 '보'를 건설하는 토목업자를 예로 들어보자. 그가 이 사업으로 자신이 얻을 작은 이익만 생각한다면, 장차 일어날 생태계의 교란을 막을 길이 묘연하다.

소통이론가 위르겐 하버마스(1929~)는 주장하기를, 합리적 의사소통을 통해 인간은 구원에 이른다. 세상 갈등을 극복하는 것이 소통이란 말인데, 현재 우리 사회는 심각한 '의사소통의 왜곡'을 겪고 있다. 하버마스의 지적대로 자본과 권력이 일상을 '식민화'하였기 때문이다. '4대강 사업'으로 불통 정권의 대명사임을 증명한 이명박 정권은, 우리 사회 도처에 소통의 과제를 듬뿍 안겨 주었다. 2009년에 경찰의 과잉진압으로 발생한 용산참사는 이미 여러 해가 지나도록 해결되지 못하였다. 정부는 이른바 '사회통합위원회'라는 것까지 만들었지만 이명박 집권 시절 내내 통합을 위한 소통은 없었다. 박근혜 정권 역시 아무런 차이가 없었다. 2014년 4월 16일, 세월호 참사가 일어나 수많은 인명이 무고하게 희생되었으나, 정부는 사태수습을 위해 전혀 성의를 보이지 않았다. 참다 못한 시민들의 입에서 "도대체 국가란 무엇인가?"라는 비판이 쏟아졌지만 청와대의 응답은 없었다.

아바타의 출현을 갈구해

시민적 반대 속에 '4대강 살리기 사업'이 한창 진행되던 2010년 1월, 한 편의 영화가 대단한 인기를 끌었다. 〈아바타〉였다. 본디 이 말은 산스크리트어의 '아바타라'avataara로, '내려옴'을 뜻한다. 신령이 인간이나 짐승의 몸을 빌려 세상에 나타난 것을 가리킨다. 아바타는 주로 망자의 영혼을 인도하는 일을 하지만, 때로 지상에 머물며 삶의 이치를 깨우치는 스승 노릇도 한다. 아바타에 관한 최초의 기록은 『바가바드기타』에 있다. 태양신 비슈누의 아바타가 금시조金翅鳥

를 타고 사방으로 날아다니며 정의를 수호한다는 설화가 인상적이다. 상상의 새, 금시조는 독수리 몸집에 봉황의 날개를 가졌다 한다.

비슈누에게는 열 가지 아바타가 있다는 게 통설이다. 가장 이름난 것은 여덟째인 크리슈나인데, 이것은 나중에 바라문교의 신이 되었다. 일곱째 아바타 라마도 결국은 아름다움과 윤리의 신으로 자리잡았다. 아홉째 아바타는 정체불명이지만, 현세의 부처인 석가모니와 동일시되기도 한다. 본디 힌두교 신령의 화신이던 아바타가 세월이 흐르면서 차츰 독자적인 신으로 변모했다는 사실은 기억할 만하다.

우리 역사에도 아바타의 흔적이 있다. 신라 진지왕 때 경주 흥륜사의 진자 스님은 미륵보살이 화랑으로 태어나기를 염원했다. 마침내 그의 소원대로 미시랑未尸郎이 나타나 화랑이 되는 기적이 일어났다고 한다. 성덕왕 때 노힐부득은 기도 끝에 관세음보살의 아바타를 보았고, 그 법력으로 순식간에 인간의 몸을 버리고 미륵의 금상金像으로 변화했다고 전한다. 아바타의 출현은 간절한 신앙에 대한 구원의 응답이었다.

현대의 아바타에도 일종의 염원이 담겨 있다. 누리꾼들이 가상공간에서 애용하는 아바타는 일상에서 벗어나고 싶은 바람을 상징한다. 제임스 캐머런 감독의 2010년 작품 〈아바타〉역시 욕망의 늪을 탈출해 생태계 본연의 조화와 평화를 희구하는 인간의 소망을 그린 것이라 인기가 높았다. 이 영화가 인기를 끌던 2010년 시민들은 물욕에 들떠 헛소리만 해대는 4대강 개발사업자들과 정부관료 그리고 어용학사들을 위해 기도하였을 것이다. 그들도 제발 마음을 내려놓고, 시민들이 왜 이 영화 〈아바타〉에서 감동을 받는지 숙고해 보기를 바랐을 것이다. 그러나 그것은 무용한 일이었다. 욕심 앞에서는 부처도 아바타도 모두 무용지물이다.

유기농업도 망가뜨려

이명박 정부의 무리한 '4대강 살리기 사업'은 유기농업의 위기를 초래하기도 하였다. 강물을 살린다는 사업이 그 강물에 의존한 유기농업을 벼랑 끝으로 내몰았으니 우스운 노릇이었다.

이 세상의 모든 농업은 본래 유기농업이었다. 그런데 산업혁명과 함께 농업에서 화학비료가 차지하는 역할이 커졌다. 18세기 유럽에서 이런 변화의 바람이 일어나기 시작했다. 그리하여 제1차 세계대전(1914~1918) 이후 화학비료는 현대농업의 필요악이 되었다. 화학비료의 성분은 무기질이어서 남용되면 인체와 토양 및 흙 속에 사는 미생물들에게도 치명적이다. 화학약품으로 만든 농약과 제초제에서도 같은 문제가 발생한다. 현대문명이 초래한 이런 생태계의 문제를 해결하기 위해 등장한 것이 유기농업이다.

재삼 강조할 필요도 없이, 근대 이전의 농업은 모두 유기농업이었다. 그때는 아직 화학비료가 없었기 때문에 다들 유기물로 된 퇴비를 썼다. 그 전통을 애써 되살린 것이 현대의 유기농업이다. 1930년대에 영국의 농학자 앨버트 하워드가 그 선구자 역할을 하였다. 유기농업의 학문적 토대가 마련된 것은 그보다 이른 1910년대였고, 그 대표자는 오스트리아의 식물학자 라울 프랑세였다.

유기농업은 제2차 세계대전 이후 세계 각국으로 퍼져나갔다. 유럽 여러 나라 중에서는 중화학공업이 과도하게 발달한 독일에서 유기농업이 가장 인기를 끌었다. 아시아에서는 1946년 일본의 고다니 준이치가 최초의 유기농업단체를 만들었다. 그는 과거 일본이 한국에 저지른 과오를 뉘우치고 유기농업기술의 교류를 통해 양 국민이 진정으로 화해하기를 바랐다. 그 노력이 결실을 맺어, 1976년 한국 최초의 유기농업단체 '정농회'가 발족했다. 고다니의 강연회에 참석한 충남 홍성의 고등학생 주형로는 훗날 오리쌀 재배로 이름난 유기농부로 성장했다.

유기농업은 병든 인간을 살리고, 인간의 탐욕으로 망가진 강과 숲을 되살린다. 그것은 현대문명이 저지른 악덕과 범죄행위를 중단하고 자연과 화해하는 일이다. 뜻있는 시민들이 생태주의 운동에 참여하는 것은 당연하다. 그런데 이명박 정부는 자연을 살린다는 구실로 4대강 사업을 강행하면서 농부들이 애써 가꾼 경기도 팔당의 유기농 단지를 파괴하려 들었다. 그나마 몇 안 되는 한국의 유기농업 단지 가운데 하나를 없애려는 시대착오적 행위였다. 그리하여 2011년 한국에서 개최된 세계유기농대회가 자칫하면 이명박 정권을 규탄하는 장으로 바뀔 뻔했다.

문수 스님의 소신공양

허울뿐인 이른바 '4대강 살리기 사업'이 진행되는 과정에 답답한 일이 참 많았다. 어느 스님의 소신공양은 그 비극을 상징하는 사건이었다. 지금은 사람들의 뇌리에서 잊히고 말았지만, 2010년에 발생한 이 사건은 문명사적 의미를 지닌다. 생태계의 평화를 위해 기꺼이 육신을 희생의 제물로 바친 스님의 고귀한 뜻을 우리 시민들은 오래오래 기억해야 할 것이다.

소신공양이었다. 용어가 낯선 이들을 위해 약간의 설명을 좀 보태야겠다. 불교의 전승에 따르면, 약왕보살이 몸에 향유를 바르고 고운 옷으로 갈아입은 다음, 부처님 앞에 나아가 자기 몸을 불살랐다. 『묘법연화경』에는 약왕보살의 소신공양에 대해 칭송이 자자하다. "이것은 참다운 법, 석가여래를 공양하는 법이라. 설사 나라를 바치고 처자를 보시한다 해도 이만 못하리니, 이는 최고의 보시니라."(약왕보살 본사품)

소신공양은 불교 설화에도 적잖이 등장한다. 석가여래의 설법 중에 이런 이야기도 전한다. 먼 옛날 깊은 산속에 홀로 수도하는 스님이 있었다. 그는 숲에서 나는 과일과 채소로 연명하며 밤낮으로 정진해 도가 높아졌다. 감복한 토끼 한 마리가 스님을 찾아와 시중들기를 자청했다. 그렇게 잘 지냈는데 갑자기 가뭄이 들어 온 산이 메말라버렸다. 허기진 스님은 식량을 구할 셈으로 하산을 결정했다. 십 년 공부가 허사로 돌아갈 판이었다. 안타까운 마음에 토끼는 제 몸을 불살라 스님에게 바쳤다. 하늘도 무심치 않아 감로수가 쏟아져 내렸다. 숲에 다시 꽃이 피고 과일 열매가 주렁주렁 매달렸다.

현실에서도 소신공양의 힘은 놀라울 때가 있다. 1963년 내전이 한창이던 베트남(월남)에서였다. 틱꽝득釋廣德이란 스님이 자신의 몸을 불태웠다. 당시 베트남 정권은 독재만으로 부족했던지 불교 탄압이 심했다. 이에 항거하는 뜻으로 스님은 이글거리는 불길 속에 가부좌를 틀고 앉아 죽음의 문턱을 태연히 넘어섰다. 그 모습이 세계 언론에 보도되자 사람들은 감동과 충격을 받았다. 스님의 죽음을 쌀쌀맞게 비웃던 베트남의 응오딘지엠(고딘디엠) 정권은 곧 망했다.

사람이 불구덩이에 뛰어들어 산목숨을 버리기란 참 어려운 일이다. 그런데도 불교를 믿는 나라마다 소신공양을 한 고승들의 이야기는 끝이 없다. 2010년 5월 31일 경상북도 군위에서 문수 스님은 4대강 사업의 중단을 요구하며 소신공양을 했다. 소통 불가한 세상을 딱하게 여기고, 어떻게 해서든 생태계의 질서를 지켜보려는 뜻이었다. 저 푸른 산도 강물도 모두가 부처님이 아니겠는가. 부디 스님의 뜻이 잊혀지지 않기를 바랄 뿐이다.

정의란 무엇인가

이른바 '4대강 살리기 사업'은 우리나라 지도층의 불통과 불공정을 스스로 폭로하는 역사의 간막극이었다. 정의와 소통에 굶주린 시민들은 유독 '정의'를 희구하였다. 2010년 8월 하순 서울에서는 마이클 샌델이란 미국 교수가 선풍적인 인기를 모았다. 그의 공개강연에 참석하려고 만 명도 넘는 시민들이 한꺼번에 몰려들어 대성황을 이루었다. 강연 주제는 '정의'였다. 어찌 보면 진부한 주제였는데도 호응이 각별하였다. 이것은 정의에 굶주린 우리 사회의 모습을 반영하는 현상이었다.

고대사회에서는 신이 곧 정의였으며, 인간의 사명은 신의 뜻을 행동으로 옮기는 데 있었다. 따라서 정의란 신적 질서의 표현인 동시에 개인적 윤리였다. 이런 믿음에 변화가 일어난 것은 17세기였다. 토머스 홉스 등은 분쟁 해결을 목적으로 체결된 '사회계약'을 정의로 이해했다. 자연히 정의는 사회적·제도적 윤리로 탈바꿈했고, 법철학·사회철학 및 정치학의 중심 테마로 부상했다. 정의의 영역이 경제·사회 및 문화로 확산되는 것도 시간문제였다.

'사회정의'가 학술용어로 뿌리내린 것은 1845년, 예수회

신학자 루이기 타포렐리를 통해서다. 그는 제 몫을 그대로 돌려주는 것이 정의라고 말한 토마스 아퀴나스의 정의 개념을 바탕으로 정의로운 사회의 실현을 부르짖었다. 당시 유럽은 산업화가 한창이었다. 자본가와 공장노동자라는 새로운 계층이 등장했고, 뒤이어 노동력 착취와 도시빈민의 발생이 사회문제로 대두했다. 미국의 존 롤스와 영국의 존 스튜어트 밀, 프랑스의 장 자크 루소 등은 이 문제를 깊이 성찰했다. 근년에는 세계화, 기후변화, 노령화 및 생태적 사고의 진전으로 국가 간, 세대 간의 정의와 생태 차원의 정의가 논의되고 있다.

정의에 목마른 시민들이 마이클 샌델의 강연장에 쇄도하던 그 시점, 당시 대통령 이명박은 기회균등과 상생의 토대 위에 '공정한 사회'를 만들겠다고 시민들 앞에 약속했다. 자기 나름으로는 사회정의를 실천하겠다는 의지를 천명했던 셈이다. 허나 이명박 대통령의 인식수준은 협소하고 피상적이었다. 그가 독단적으로 추진한 이른바 '4대강 살리기 사업'만 해도 그렇지 않았던가? 그것은 생태계 정의를 완전히 외면한 것이었다. 게다가 이명박 대통령은 '6·2 지방선거' (2010)에 표출된 민심을 간단히 외면하고, 4대강변의 땅 임자들의 이익만 보장해 주어 시민들의 비난이 거셌다. 하기는 문화방송MBC의 〈피디수첩〉 같은 공영방송의 프로그램 하나도 자율성을 보장하지 못한 채 그 정권의 탄압으로 사라지고 말았다. 만일 정권의 표리부동함이 공정한 사회의 초석이라면, 우리가 믿어온 가치들은 하루아침에 와르르 무너지고 말 것이다.

'4대강'과는 달라도 너무 다른 '슈투트가르트 21'

4대강 사업으로 온 나라가 한창 시끄럽던 2010년 10월 중순, 독일에는 한 가지 흥미로운 사건이 벌어지고 있었다. '슈투트가르트 21'이란 국책사업이 문제였다. 이것은 독일 경제의 심장 격인 바덴뷔르템베르크 주의 수도인 슈투트가르트에서 역사驛舍의 지하 이전을 둘러싸고 벌어진 뜨거운 논쟁이었다. 역사를 이전하기로 한 결정은 이미 지난 20년 동안 주 의회가 토론을 거듭해 여야 합의로 결정한 사안이었다.

이 사업의 지지자들은 "이 공사를 못 하면 우리는 시골뜨기 신세"를 면하지 못한다고 주장했다. 알다시피 슈투트가르트는 프랑스 파리와 헝가리 부다페스트를 동서로 연결하는 교통의 요지다. 신기술로 재건축된 새 역사가 들어서면 교통도 원활해지고, 독일의 국가적 위상에도 걸맞게 된다. 더구나 수조 원에 이르는 막대한 공사비도 상당 부분이 중앙에서 지원될 전망이므로, 주 정부와 지역주민들로서는 마다할 이유가 없어 보였다. 주 정부는 이 공사로 일자리 1만 7천 개가 창출된다며 홍보에 열을 올렸다.

그러나 시민들의 반응은 냉랭했다. 반대시위가 연일 계속되었고, 그 와중에 진압경찰과 충돌해 100명도 넘는 부상자가 나왔다. 사업을 반대하는 시민들은 환경파괴, 천문학적 공사비, 사업의 효율성에 의문을 제기했다. 이 사업 때문에 다른 공공사업들이 지연될 수밖에 없다는 논리도 등장했다. 주 당국은 여러 해 전부터 이 사업의 필요성을 끈질기게 주장했지만 상당수 시민들의 생각은 달랐다. "정부는 사업계획을 제대로 알리지 않았다!"

시민들은 당장 '슈투트가르트 21'을 찬반투표에 부치자고 외쳤다. 야당도 시민들 편을 들었다. 사태의 심각성을 인식한 중앙정부는 원로 정치가를 현지로 보내 중재를 맡겼다. 베를린에서 온 중재자는 우선 "공사 중지!"를 요구했다. 그 말이 당장 실행에 옮겨지지는 않았지만, 중재자는 찬반 양쪽을 오가며 협상 가능성을 타진하였다. 이 사업이 결국은 포기되고 말 거라는 전망이 재계에서도 차츰 나오기 시작했다. 독일은 여야 합의로 결정된 사안도 시민이 반대하면 신중히 재검토하는 사회라는 점을 다시 한번 입증했다. 2011년 11월 27일 실시된 주민투표 결과 이 사업은 계속 시행하기로 결정이 났다.(찬성 58.8퍼센트) 그 결과가 어떻게 나왔든 그와는 무관하게, 역대 정부의 일방적인 밀어붙이기에 지치고 신물난 우리나라 시민들에게 '슈투트가르트 21'의 처리과정은 그 자체로서 부럽기 짝이 없는 일이었다.

지구온난화

'4대강 살리기 사업'을 강력 추진한 것은 한국의 '과잉산업화' 세력이었다. 그들이야말로 21세기 인류의 과제인 '지구온난화'의 주범에 해당한다. 본래 지구의 기온은 보통 400~500년을 주기로 섭씨 1.5도가량 오르내렸다. 하지만 산업화가 본격화한 1850년 이후 상황은 완전히 달라졌다. 지구의 평균기온이 지속적으로 높아지기 시작한 것이다. 특히 1979년부터는 지표면의 온도가 바다 표면에 비해 두 배나 빠른 속도로 상승해, 2005년에는 지구 평균기온이 1세기 전에 비해 무려 1도나 올라갔다.

　지구온난화는 대기 중에 이산화탄소, 메탄 및 오존이 증가한 데 그 원인이 있다. 특히 문제가 되는 것은 이산화탄소다. 1800년대만 해도 대기 중 이산화탄소 양은 280피피엠에 불과했으나 2000년 현재 그 수치는 367피피엠까지 상승했다. 2세기 사이에 무려 1.5배나 증가한 것인데, 이는 우리 인류가 석유와 석탄 등 화석연료를 대량 소비하고 지속적으로 숲을 파괴했기 때문이다. 만일 적절한 조처를 취하지 못하면, 금세기 평균기온은 최고 6도까지 오를 것이라고 한다.

　지구온난화가 계속되면 아열대기후 지역이 확대되고 홍수와 가뭄도 잦아진다. 더 심각한 문제는 빙하가 사라져 해수면이 꾸준히 상승한다는 점이다. 지난 100년간 해수면은 20센티미터나 높아졌다. 이런 현상이 지속될 경우 전 세계 해안도시의 상당수가 바다 속으로 가라앉는 날이 오고 만다.

　온난화의 문제를 처음으로 공식 거론한 것은 1972년의 '로마클럽 보고서'였다. 그 뒤 기후에 관한 국제적 관심이 고양되어 1988년에는 '기후변화에 관한 정부 간 패널'IPCC이 결성되었다. 1997년 12월에는 이른바 교토의정서가 체결되었고, 2005년 2월 16일 우여곡절 끝에 발효했다. 2009년 12

월 코펜하겐에서 열린 기후회담은 그 후속조처였던 셈이다. 그러나 이산화탄소 배출에 가장 책임이 큰 미국은 오랫동안 교토의정서 조인을 거부하였다. 마침내 2015년 12월, 버락 오바마 대통령의 전향적인 태도로 파리기후협약이 체결되었다. 그러나 문제는 트럼프 현 미국 대통령의 태도이다. 그는 선거공약으로 기후협약 폐기를 내걸었다. 과연 앞으로 어떻게 될지 추이를 두고 볼 일이다. 만일 미국의 태도가 오락가락하면, 국내 산업화 세력과 밀착된 한국 정부 역시 갈팡질팡할 것은 짐작하고 남음이 있다.

기후 문제보다 몇 갑절 심각한 것이 있다. 핵발전소 문제인데, 세계는 이미 몇 차례의 핵 재앙을 겪었다. 특히 2011년 봄에는 일본 후쿠시마에서 초대형사고가 일어나 인류를 전율하게 만들었다.

후쿠시마, 과학문명에 대한 경고

"우리는 방사능 오염의 공포에 떨고 있습니다. 내 손으로 가꾼 푸성귀도 먹을 수가 없고, 아무것도 안심할 수가 없어 절망적입니다." 연전에 만난 일본 농부는 청중들 앞에서 그렇게 말했다. 그의 증언이 아니더라도, 후쿠시마 핵발전소에 엄청난 사고가 발생했다는 사실을 누구나 알고 있다. 하지만 일본 정부는 그 피해 규모를 제대로 공개하지 못한다. 정치적 고려 때문일 것이다. 각국의 언론 보도를 보면, 후쿠시마 사태의 사고 뒷수습은 30~40년도 더 걸린다 한다. 비용도 천문학적이다. 우리 돈으로 최소한 1경 원이 필요하단다.

애초 인류가 핵발전에 눈을 돌리게 된 데에는 이유가 있었다. 값도 싸고, 안전하며, 전기공급도 안정적이라고 믿어서였다. 핵발전은 하나의 꿈이었던 것이다. 1954년 6월 27일, 모스크바 남서쪽 오브닌스크 시에 사상 최초의 핵발전소가 들어섰다. 그 이듬해에는 영국에 그보다 10배 규모(50메가와트)의 상업용 핵발전소도 문을 열었다. 이로써 인류 역사는 새로운 전기를 맞는 듯했으나, 그것은 오산이었다.

핵발전소는 건설 비용이 비싸다. 반감기가 긴 방사능 폐기물의 처리문제에는 해답이 없다. 핵발전소에서 발생하는 폐열이 생태계에 미치는 악영향도 무시할 수 없다. 더욱이 핵발전소는 불의의 초대형사고를 일으킬 수도 있다. 1986년 구소련에서 일어난 체르노빌 사고는 전 세계를 공포의 도가니에 빠뜨렸다.

이런 판국에 2011년 3월 11일, 후쿠시마에서 또 한 번 대형사고가 터졌다. 유럽의 시민사회에서는 핵발전에 대한 비판이 더욱 거세졌다. 독일 시민들의 반응은 매우 격렬했다. 25만 명의 시민들이 거리로 뛰쳐나와 핵발전 반대시위를 벌였다.

그 달 실시된 독일의 주 의회 선거에서는 녹색당이 대승을 거뒀다. 녹색당은 독일 경제의 선두주자인 바덴뷔르템베르크 주의 집권당으로까지 등장했다. 그들은 벤츠와 포르셰로 대표되는 세계 굴지의 자동차산업지대를 녹색산업라인으로 전환하겠다며 기염을 토했다.

당시 독일연방의 집권당이던 기민당도 에너지 전환을 국책사업으로 결정했다. 2050년까지 모든 전력을 재생에너지로 전환하겠다고 약속했다. 후쿠시마 사태를 계기로 유럽 시민들은 에너지와 환경 정책을 전면 수정하라는 요구를 쏟아냈고, 독일에서는 정책전환까지 구현됐던 것이다.

일본에도 일찍부터 한 선각자가 있었다. 다카기 진자부로高木仁三郎라는 '시민과학자'가 그 사람이다. 그는 대학에서 핵화학을 전공했으나, 평생을 반핵운동에 바쳤다. 처음에는 그도 핵발전을 미래 에너지산업의 총아라 확신했으나, 산업현장에서 핵문제의 심각한 문제점을 발견했다. 핵발전 시설에서는 방사능 유출이 불가피했는데, 회사는 그 사실을 시민들에게 제대로 알리지 않았다. 다카기는 방사능 찌꺼기가 '죽음의 재'이며, 핵이란 인간이 끌 수 없는 재앙의 불이라 확신했다. 설사 가동을 멈추더라도 핵발전소에서 타고 남은 플루토늄이 절반으로 줄어드는 데는 2만 4천 년이나 걸리기 때문이다. 그의 말대로 핵은 "켜고 싶을 때 켤 수 있지만 끄고 싶을 때 끌 수 없는 빵점짜리 기술"이 틀림없다.

본래 핵은 '하늘의 불'이었다. 지구의 탄생도 그렇지만, 밤하늘을 아름답게 수놓은 별빛은 핵융합의 결과다. 최초 지구를 뒤덮은 방사성 물질의 독성이 사라질 때까지 수십억 년이 걸렸다.

그런 다음에야 지구상에 생명체가 모습을 나타냈다. 현대인들은 핵의 이러한 맹독성을 망각한 채, 함부로 핵발전소의 스위치를 켰다. 인간의 오만을 드러낸 충격적 사건이 아닐 수 없다. 다카기의 경고는 수십 년 동안 계속됐지만, 일본인들은 귀를 틀어막았다. 후쿠시마의 재앙은 현대과학문명의 위기를 상징한다. 대안이 어디 있느냐고 묻지만 말라. 핵발전의 위협에서 벗어나지 못하면 지구의 미래가 어둡다.

재앙의 상징, 체르노빌 멧돼지

앞에서 '후쿠시마'의 핵발전소 사고를 말했지만 그보다 앞서 '체르노빌' 사태가 있었다. 그 후유증은 아직도 계속된다. 그래서 후쿠시마에서 벌어진 문제가 쉽사리 해결되지 못하리라는 점을 우리는 확신하지 않을 수 없다.

1986년 4월 26일, 구소련의 한 작은 도시 체르노빌에서 원자로, 즉 핵융합로가 폭발했다. 이 소식은 유럽을 발칵 뒤집어 놓았다. 독일에서는 방사능 오염 문제를 둘러싼 격론이 여러 달 이어졌다. 체르노빌 공포가 아직 한창일 때, 나는 마침 독일 유학 중이었기 때문에 사태의 심각성을 충분히 공감했다.

독일 정부는 시민들의 염려와 두려움을 제대로 읽었다. 그래서 이미 확정된 핵발전소의 확장 및 신설 계획을 무기한 보류했다. 언젠가 문제를 일으킬지도 모를 구식 핵융합로는 무조건 가동을 중단시켰다. 체르노빌 사고가 일어난 지 불과 수주일 만에 '환경, 자연보호 및 원자로 안전부'를 발족시킨 것도 놀라운 일이었다. 당시 지방정부들은 저마다 방사능위원회를 신설해 우유 및 잎채소의 방사능 수치를 날마다 측정했다. 위험 수치를 초과하는 모든 식품은 가차없이 거래가 중지되었다. 정부의 이러한 조처는 시민들의 건강을 지키기 위한 것이었다. 하지만 그에 따라 우유와 과일, 채소를 생산하는 농민들은 상당한 타격을 입었다. 독일 정부는 적절한 경제보상 조처를 강구함으로써 농민들의 마음을 어루만졌다.

체르노빌 사태는 수백만 피해자를 양산했다. 방사능에 오염된 사람만도 80만을 헤아렸고, 약물치료 대상자는 530만 명이었다. 그 중 160만 명은 어린이였으니 정말 끔찍한 일이었다. 유럽 여러 나라에서는 갑상선암을 비롯한 각종 치명적인 질병의 발생률도 높아졌다.

방사능 오염은 장기간 지속된다. 독일 과학자들은 숲이나 들판을 취약지로 손꼽는다. 특히 소나무와 같은 침엽수가 악영향을 입는다는데, 방사능에 오염된 숲속에 사는 멧돼지의 몸에서는 아직도 엄청난 양의 독성물질이 검출된다. 그 먹이사슬을 생각하면 등골이 오싹하다. 체르노빌은 남의 일도 아니고, 지나간 일은 더욱 아니다. 후쿠시마 사태를 겪은 참이라, 저 우울한 우리 소나무와 멧돼지, 토끼님들의 안부가 걱정된다. 한국 정부는 태평가를 그만두어야 한다.

에너지 전환, 최소한의 답

후쿠시마 핵발전소 사태를 계기로 가장 먼저 의미 있는 반응을 보인 것은 유럽이었다. 유럽의 주요 나라들이 그 사건을 계기로 경제 전략을 바꾸었다. 핵심은 '에너지 전환'이었다. 2011년 4월, 독일 국영방송은 2주에 걸쳐 날마다 재생에너지의 다양한 가능성을 파헤쳤다. 결론은 명쾌하였다. 에너지 문제는 정치가들에게 일임할 수 없는 중대한 문제이고, 따라서 노동, 환경 및 소비자 단체 등이 총력을 기울여 체계적으로 풀어나가야 한다는 것이었다.

재생에너지에 대한 독일 시민들의 높은 관심은 선거 결과까지 좌우하였다. 후쿠시마 사태 이후 녹색당은 각종 선거에서 연승 행렬을 이어갔다. 1980년대 창당 초기만 해도 정체불명의 소수정당 취급을 받았지만, 현재의 사정은 완전히 달라졌다. 2011년, 녹색당은 확고한 대중적 기반에 힘입어 독일의 산업중심지 바덴뷔르템베르크 주를 차지했다. 집권에 성공한 녹색주의자들은 벤츠와 포르셰로 대표되는 막강한 자동차산업지대를 장차 녹색산업라인으로 전환해 생태와 경제가 공존할 수 있다는 사실을 반드시 입증하고 말겠다고 주장했다.

달라진 민심을 수용한 독일의 집권 우파는 에너지 전환을 국책사업으로 선택하였다. 2020년까지 핵발전소를 모두 폐쇄하고, 2050년까지는 모든 전력을 재생에너지로 전환하겠다고 선언했다. 그들은 모로코를 비롯한 북아프리카 일대에 대규모 태양광발전소를 신립할 계획이며, 전기자동차 분야에도 천문학적인 투자를 기획중이라고 밝혔다. 그 실행 여부는 아직 불투명하다. 그러나 에너지 전환을 시대적 사명으로 인식한 독일인들이 부러울 뿐이다. 그들은 관련 분야의 신기술 개발에 장래의 국운을 건다.

이처럼 독일 사회가 달라진 데는 부퍼탈연구소의 역할이 컸다. 1991년에 설립된 이 연구소는 기후, 생태 및 에너지 분야 전문가들의 집합소다. 생태, 경제 및 사회구조가 불가분의 관계라는 전제 아래, 학자들은 지속가능한 사회발전 모델을 꾸준히 개발해 왔다. 그 덕분에 재생에너지는 자동차 다음가는 핵심 산업으로 떠올랐다. 에너지 전환은 이제 지구상 어디서도 피할 수 없다. 그런데도 한국은 아직 낡은 정치·경제 모델에 묶여 있다. 아직도 핵발전소만 바라보고 있다.

후쿠시마, 문제없다는 나라

일본은 우리의 이웃나라다. 거기서 '후쿠시마' 핵발전소가 사고를 일으켜 많은 피해가 발생했고, 앞으로도 수십 년간 재앙이 이어질 텐데도 한국 정부는 태연하다. 핵발전을 포기하기는커녕 도리어 공세적으로 나가겠다고 한다. 실소를 금할 수 없다.

일본 정부도 이해할 수 없기는 마찬가지이다. 2012년 말, 일본 정부는 후쿠시마 핵발전소 사고를 일단 수습하였다고 선언하였다. 최근 국제원자력기구IAEA 역시 낡은 주장을 되풀이했다. 어디에 무슨 잘못이 있는지 잘 알게 되었으므로, 만약의 사태에 대비할 수 있게 되었단다. 세계의 핵발전소가 더욱 안전해졌다는 것이 요점이다.

그러나 후쿠시마 사태는 단순하지가 않다. 77만 테라베크렐의 방사성 물질이 쏟아진 바람에 서울시 면적보다 넓은 628제곱킬로미터가 출입금지구역이 되었다. 이 '세슘 지옥'은 히로시마에 투하된 원자폭탄 168.5개가 한꺼번에 떨어진 셈이다. 그곳 주민들의 갑상샘 피폭률은 80퍼센트라고 한다. 그들이 장차 암에 걸릴 가능성은 매우 높다. 지금도 시시각각 7천 만 베크렐의 방사성 물질이 쌓이고 있다. 후쿠시마는 아직 현재진행형이다.

향후 10년간 314조 원의 복구비용이 필요하다. 숱한 거짓말로 신용을 잃은 도쿄전력의 주장이 그러하다. 이런 판국이니 후쿠시마 주민들의 일상생활은 이미 초토화되었다 해도 과언이 아니다. 그들의 상당수는 슬픔을 못 이겨 '고독사' 孤獨死로 내몰렸다. 일본 사람들 전체가 식품불안에 떤다. 그리하여 주곡마저 대량 수입하는 형편이 되었다.

핵발전은 위험할 뿐만 아니라, 지독한 고비용에다 그 자체가 사회적 불의를 상징한다. 반영구적인 방사능 폐기물 보관비까지 고려한다면 그 비용은 천문학적 수준이 된다. 사고라도 일어날 경우 피해복구비용은 아예 계산조차 불가능하다. 핵발전은 현재세대가 미래세대를 담보로 지구를 착취하는 짓이다. 또한 핵발전소 노동자의 상당수는 적절한 보호장구도 없이 피폭 위험에 시달린다. 일본 핵발전소에는 야쿠자의 빚 독촉에 시달리는 비정규직 노동자가 많다고 한다. 게다가 핵발전은 낙후된 오지에 건설되기 일쑤다. 주류 사회가 비주류를 착취하는 꼴 아닌가. 이런 줄도 몰랐던가. 한국 정부는 삼척과 영덕에 또 핵발전소를 짓겠다고 별렀다. '세계 3대 원자력 강국'이 되겠다고 포부를 밝혔다. 다행히 삼척시민들의 거센 반대로 그 계획은 일단 무산되었다.(2017년 1월 현재) 녹색의 깃발을 높이 세우지 않으면 우리는 후세에 죄를 짓게 될 것이다.

탐욕이 불러온 재앙, 구제역

한 해가 멀다고 구제역 소동이 요란하다. 알고 보면 이것은 주기적으로 되풀이되는 자연재앙이 아니다. 인간의 탐욕이 빚은 필연적 결과이다.

구제역은 공기를 통해서도 전파된다. 구제역에 감염된 동물은 거품 섞인 침을 흘리며 고열에 시달리고 구내염과 수포로 고생하다 폐사하는 경우가 많다. 치사율이 최고 5할을 넘어, 최악의 가축 전염병으로 분류된다. 주로 소, 돼지가 걸린다. 양이나 염소, 사슴, 코끼리 및 고슴도치 등 발굽이 둘로 갈라진 동물들은 모두 이 병에 걸릴 수가 있다. 극소수였지만 사람이 감염된 적도 있었다.

1897년 독일의 미생물학자 프리드리히 뢰플러는 구제역이 바이러스성 전염병이란 사실을 처음으로 밝혀냈다. 디프테리아의 전염 경로를 발견하기도 한 그는, 병균의 종류를 정확히 식별하기 위해 혈청분석법을 창안해 세계적인 명성을 얻었다.

구제역이 세계로 널리 퍼진 것은 제2차 세계대전 이후였다. 특히 아프리카, 아시아 및 남아메리카 몇몇 나라에서는 구제역이 빈발했다. 2001년 영국에서 구제역 파동이 시작되었을 때에는 사태가 정말 심각했다. 삽시간에 동남아시아와 남미 각국으로 구제역이 확산되는 바람에 세계는 충격에 빠졌다. 놀란 영국 정부는 총선을 한 달이나 연기했고, 각종 운동경기 일정도 당연히 취소되었다.

유감스럽게도 한국은 구제역 안전지대가 아니다. 이미 1934년에 구제역 발생이 보고되었고, 2000년에는 경기도 파주에서 시작된 구제역 파동이 충청도까지 남하했다. 2002년에도 구제역의 습격을 받았고, 2010년에도 축산 농가가 시름에 빠졌다. 그 뒤에도 구제역 바람은 한 해가 멀다고 축산 농가를 괴롭힌다. 봄철 황사도 문제지만, 사육 환경을 개선하면 모든 게 달라질 수 있다고 한다. 청정지역 뉴질랜드에서는 여태껏 구제역이 단 한 번도 발생하지 않았다. 북유럽 나라들도 구제역으로부터 사실상 안전하다. 오스트레일리아, 캐나다, 멕시코 및 칠레에서도 구제역이 문제를 일으킨 적이 거의 없다. 늘 신토불이를 외치고 있지만 우리 가축들은 비좁고 비위생적인 축사에 갇힌 채, 인공사료와 항생

제로 연명한다. 생태철학자 아르네 네스가 주장했듯 동물도 동물답게 살 권리가 있다.

자본주의의 종말

21세기가 겪고 있는 혼란과 충격은 어디서 비롯되었을까? 나는 그것이 자본주의의 문제라고 생각한다. 17세기에 시작된 자본주의는 점차 지배영역을 넓혀 20세기에는 지구 전체로 확대되었다. 공功보다는 과過가 더 많은 이 자본주의는 과연 어떻게 될 것인가? 이 역시 사라질 운명에 놓인 것이 아닐까.

2009년 5월, 나는 유럽에 있었다. 주간지 『슈테른』에서 에릭 홉스봄을 인터뷰한 기사를 읽고, 충격을 받았다. 당년 92세의 영국 역사가는 감히 자본주의의 종언을 선언하였기 때문이다. 그때는 미국 경제가 곤두박질친 다음이라, 곳곳에서 신자유주의 위기론이 고개를 들었다. 그래도 그 시점에서 자본주의 종말론까지 공언하는 것은 아직 시기상조로 보였다. 냉철하기로 이름난 홉스봄도 노망이 들고 마는구나 하는 생각이 들어서 떨떠름했다.

그러나 그를 비웃은 것은 잘못이었다. 최근 유럽에서는 자본주의의 종말이 시대적 화두로 떠올랐다. 2012년 3월, 나는 독일의 공영방송에 출연한 한 증권 전문가가 자본주의를 신랄하게 비판하는 장면을 보았다. 다름 아닌 증권 전문가가 자본주의의 청산을 주장하다니! 그 토론 상대역은 유대교의 여성 랍비였다. 그마저 자본주의를 질타했더라면 토론이 너무 싱거웠을 것이다. 돌이켜 보니, 홉스봄은 역사의 흐름을 옳게 통찰하였다.

노역사가의 의견은 이러했다. "지금의 경제파탄은 80년 전 겪은 대공황보다 끔찍하다. 나는 바이마르 공화국의 종말도, 파시스트들의 궤멸도, 동독과 공산주의의 몰락도 지켜보았다. 이제 자본주의가 망할 차례가 되었구나. 제아무리 완강한 자본주의라도 조만간 사라질 것이 틀림없다."

2008년 9월 15일, 미국의 리먼 브라더스 투자은행이 붕괴되었다. 그날부터 역사의 변화는 가속 페달을 밟기 시작했단다. 홉스봄의 주장이 이어진다. "세계 곳곳에 이미 망조가 나타났다. 1970년대 후반부터 재등장한 시장주의자들이 정말 큰 실수를 범하였다. 인류가 위험에 빠진 것은 그들 때문이다. 앞으로의 세계는 피를 많이 쏟을 것이다." 홉스봄의 예견대로 그 후 국가 간의 분쟁이 격화되어 유럽으로 쏟아져 들어간 중동 난민의 수가 급증했다. 2015년 한 해에만 독일은 100만 명 이상의 난민을 수용하게 되었고, 그로 인해 사회적 혼란이 가중되었다. 난민의 유입을 둘러싼 유럽 각국의 책임 떠넘기기도 한층 격렬해져 국제적으로 복잡한 양상을 보였다. 사회가 수습하기 어려운 수렁에 빠진 느낌이다.

이런 상황이 지속되면 멀지 않은 장래에 강대국 간의 전쟁이 일어날 가능성도 배제할 수 없다. 서구의 식자들은 이것이 결국 세계대전으로 확대될 것이고, 종국에는 미국과 중국의 전쟁이 되고 말 것이라는 진단을 벌써부터 하고 있다. 전쟁만은 반드시 막아야 할 텐데, 앞일을 낙관하기 어렵다.

사회적 용기를 위해

자본주의 체제 아래서는 돈이 모든 것을 결정한다. 도덕도 의리도 구속력이 약해질 수밖에 없다. 그것은 돌고 돌아 우리가 사는 세상을 점점 각박하게 만든다. 이 고리를 어떻게 하면 끊을 수 있을까. 쉰들러라는 이름이 떠오른다.

오스카 쉰들러는 돈밖에 모르는 사람이었다. 그런 그도

유대인에 대한 나치의 만행이 도를 넘자 삶의 태도를 바꾸었다. 그는 강제노동수용소에 갇힌 유대인을 천 명도 넘게 탈출시켰다. 그의 사회적 용기는 후세의 표본이 되었다. 2011년 7월, 노르웨이에는 우익 테러의 광풍이 휘몰아쳤고, 그러자 어느 용감한 독일 시민의 활약이 세계의 주목을 끌었다. 그는 자신의 안전을 고려하지 않은 채 30여 명의 귀한 생명을 구해냈다.

우리는 불의에 대한 시민의 항거를 사회적 용기 또는 시민의 용기courage civil라 일컫는다. 1835년 프랑스에서 처음 등장한 이 개념은 지금까지 많은 시민들의 마음을 사로잡았다. 프랑스와 독일은 이런 용기를 북돋우려고 법적 장치까지 강구했다. 미국은 정규교육을 통해 그 정신을 함양한다.

사회적 용기는 사회적 안전판이다. 수년 전 유럽 농부들은 곡물의 유전자 조작을 막기 위해 일어섰다. 그들의 저항은 집단적 이기심에서 비롯된 것이 아니라, 생태계의 평화와 인류공동체의 안전을 위한 단결이었다. 이런 용기가 공동체의 평화를 지킨다.

2008년 구마모토 시민단체 회원들의 독도 관련 성명서도 좋은 본보기다. 용감한 일본 시민들은 자국 정부에 독도가 일본 땅이라는 거짓 주장을 즉각 중단하라고 촉구했다. 진실을 존중하는 일본 시민의 용기는 동아시아의 평화를 지키는 디딤돌이 될 것이다. 수년째 거듭해서 물의를 빚은 일본 방위백서나 몇몇 일본 의원들의 못난 행태가 동아시아 공동체의 평화를 위협하는 것과는 판이하다.

오늘날 국제사회는 물론 시민사회 내부에도 압제, 폭력 및 차별의 무거운 공기가 유령처럼 떠다닌다. 이 안타까운 현실은 더 많은 사회적 용기를 요구한다. 부산의 한진중공업 사태(2011)에서든 제주도의 강정마을 사태(2011)에서든, 그 밖의 어디에서든 시민들이 더 물러날 여지는 없는 것 같다. 평범하지만 용기 있는 시민만이 우리의 희망이다. 그들이 곧 꽃망울을 터뜨릴 것이다. "나 하나 바로 서면 모두가 산다." 안창호 선생의 이 말씀을 곱씹으며, 미래를 향한 희망버스를 기다린다.

회색의 사나이들

우리의 현대문명은 자본에 의해 모든 것이 결정된다. 현대사회는 '돈' 병에 걸린 것이다. "나는 우리 인류가 결국 이 병 때문에 파멸하고 말 것이 아닐까 염려한다." 독일 작가 미하엘 엔데는 그렇게 경고했다. 다가올 '돈' 전쟁은 소설 『모모』(1973)에서 이미 암시되었다. '회색의 사나이들'이 문제를 상징한다. 가난해도 풍요로운 세상에 갑자기 그들이 나타났다. 감언이설로 그들은 사람들에게서 시간을 훔쳤다. 시간을 빼앗긴 사람들은 불행에 빠졌다. 주인공 모모가 아니었더라면 끝내 해결되지 못했을 비극이었다. 시간은 곧 돈이다.

인류 역사상 돈은 본래 등가의 물건과 맞바꾸는 수단이었다. 지금은 다르다. 화폐는 그 자체가 상품이다. 어느 학자가 지적했듯, "닻을 잃어버린 달러가 세계를 표류"한 지도 제법 오래되었다. 유령처럼 배회하는 투기자본은 지구를 아수라장으로 만든다. 이윤추구에 눈먼 거대자본은 눈덩이처럼 불어나지만, 시민은 날로 가난해진다. "경제성장은 무無에서 비롯되는 것이 아니다. 그것은 누군가의 희생을 바탕으로 한 것이다."(엔데) 화폐의 자기증식, 다수의 희생을 당연시하는 악마의 마술이 이것이다. 이를 보장하는 현대의 금융시스템은 만고역적이다.

지금 이 순간에도 그리스와 스페인 시민들은 화폐 공포에 떤다. 실업률은 날로 치솟고 호주머니에는 돈의 씨가 마른다. 거대자본은 이마저도 절호의 기회로 삼는다. 외환위기

로 우리가 시달릴 때도 그러했다. 말라비틀어진 시민들더러
는 허리띠를 졸라매라고 강요해 놓고, 그들은 알짜 먹잇감
약탈에 신나서 어쩔 줄 모른다.

"경제생활의 이상은 우애다. 나는 감히 우애야말로 근대
경제에 내재하는 공준公準이라 믿는다. 생산과 수요의 자유
경쟁만 보장하면 '만인의 만인에 대한 전쟁'이 초래된다. 경
제적 약자는 늘 손해를 보기 마련이다. 그러나 경제생활은
그런 것이 아니다. 본질적으로 사회적 연대여야 한다."(엔데)
모모를 통해 탐욕의 화신, 즉 회색의 사나이들을 퇴치한 작
가의 탁월한 경제론이다. 마음에 울림이 있다.

월가(Wall Street)의 나비

자본주의는 17세기 네덜란드에서 시작되었다고 한다. 그
것이 꽃을 피운 곳은 영국과 미국이었다는 것이 일반적인
주장이다. 문제의 '자본'은 결국 돈의 문제이다. 한국에서는
18세기가 되어야 '상평통보'라는 동전이 소액화폐로서 전국
어디서나 유통되기 시작했다. 이와 대조적으로 자본주의의
본고장 서양에서는 고대부터 돈이 활발하게 돌았다.

고대 프리기아의 왕 미다스는 동전 재료가 부족했다. 그래서 싸구려 쇠를 섞어 악화를 만들게 했다. 화폐가치는 급락했고 왕은 신망을 잃었다. 그리스 신화에 나오는 미다스 왕 이야기의 실제 배경이다. 무엇이든 손만 대면 황금으로 변하는 바람에 왕은 물 한 모금 마시지 못하고 괴롭게 죽었다. 신화는 왕의 폭정에 대한 백성들의 응징이다.

기원전 4세기 시라쿠사에서는 통화량 증가로 물가가 폭등했다. 기원전 1세기 로마제국은 금융위기에 빠지자 전쟁을 벌였다. 9세기 신라는 재정적자에 시달렸고, 14세기 영국은 백년전쟁에서 패배해 국가부도 위기로 내몰렸다. 16세기 스페인의 펠리페 2세는 국가부채가 네 배나 증가하는 바람에 곤욕을 치렀다. 이런 금융위기는 통치자가 무능해서 생긴 일이다.

그 뒤로 사정이 달라졌다. 1637년 네덜란드에서는 듣기에도 황당한 튤립 투기사건이 일어났다. 암스테르담에서는 튤립 알뿌리 세 개가 집 한 채와 맞먹을 정도였다. 마침내 거품이 사라지자 나라경제가 휘청거렸다고 한다. 산업혁명 이후에는 경기변동이란 불청객이 자주 찾아왔다. 역사상 최악의 금융위기는 1929년의 대공황이었다. 그때 강대국들은 앞다퉈 은행규제에 나섰다. 이를 더욱 발전시킨 것이 1944년에 체결된 브레턴우즈 협정이다. 연합국 대표들은 국제간 통화질서를 안정시킬 목적으로 미국 달러화 중심의 고정환율제를 선택했고, 한동안 이 체제가 지속되었다. 하지만 이것은 1971년 닉슨 미국 대통령에 의해 해체되었다. 그 뒤 변동환율제가 대세인 가운데 환율급락이 금융위기의 또 다른 원인이 되었다.

금융위기의 원인은 나날이 복잡 다양해진다. 유가상승이 증시파동을 초래하는가 하면, 외환부족이 문제를 낳기도 한다. 지금은 그리스가 위기의 한복판에 있지만 누구도 감히 안심하지 못할 상황이다. 월가를 맴도는 나비의 가벼운 날갯짓이 서울에 폭풍을 불러일으킬 수도 있는 것이 글로벌 시대의 현실이다.

부채에 의존하는 자본주의

정치를 잘못하면 나라 재정이 고갈된다. 그럴 때면 위정자들은 인플레이션을 일으켜 이 문제를 해결하려 한다. 통화가 증발增發된다는 말이다. 미국 독립전쟁 당시가 그러했고, 조선 후기 각급 관청도 상평통보 주조권을 발동해 재정

문제를 풀려고 했다. 부작용도 없지 않아, 대원군이 발행한 당백전은 체제 위기까지 초래했다. 때로 국가는 화폐의 질을 떨어뜨림으로써 재정 확충을 꾀하기도 했다. 16세기 영국 재무관 그레셤은 이런 꼼수의 문제점을 짚어냈다. 요컨대 조악한 악화가 양질의 화폐를 몰아내고 유통시장을 짐거한다는 화폐의 법칙이 그것이다.

재정 부족으로 궁지에 빠진 국가는 대출을 꾀하기 마련이다. 1450년 프랑스의 거상 자크 쾨르는 국왕에게 노르망디 탈환 전쟁자금을 댔다. 그의 재력을 높이 산 샤를 7세는 훗날 쾨르를 고문관에 임명했다. 중세 유럽 각국의 금융업자들도 국가를 상대로 고리대금업을 했고, 조세 징수권자들도 세금을 선불해줌으로써 이익을 챙겼다. 미국의 펜실베이니아는 본래 퀘이커 교도인 윌리엄 펜이 영국의 찰스 2세에게 돈을 빌려준 대가로 하사받은 땅이다. 전근대 시기 세계 각국은 재정적자를 이유로 매관매직을 일삼았다. 조선 후기에도 부자들에게 금품을 받고 공명첩을 파는 일이 다반사였다.

국가가 대출을 강요하거나 빌린 돈을 떼먹기도 했다. 고대 중국의 난왕은 부호들에게 전쟁자금을 빌렸으나, 한푼도 갚지 않았다. 빚 독촉이 쏟아지자 왕은 다락에 숨었다. 세상

사람들은 그 누각을 도채대逃債臺라고 부르며 왕을 조롱했다. 15세기 영국 왕 에드워드 4세에게는 악덕채무자란 악명이 붙었다. 국왕이 금품을 갈취하는 악습은 17세기까지 남아, 영국 귀족 존 엘리엇은 대출 요구를 거부한 죄로 감옥에 갇혔다.

20세기 초, 오스트리아 사회학자 루돌프 골트샤이트는 자본주의 국가는 결국 부채에 의존하게 된다는 주장을 펼쳤다. 지금 한국의 국가부채도 적지 않다. 수자원공사 등의 공공부채까지 합산하면, 그 규모는 스페인 수준이라 한다. 이명박과 박근혜 정부를 거치는 사이 한국의 국가부채는 눈덩이처럼 커졌다. 이대로 가면 국민연금도 건강보험도 그 밖의 복지정책도 머지않아 파탄지경이 되고 말 것이다. 2016년 5월 31일 감사원의 감사 결과에 따르면, 한국의 국가부채는 1천 285조 2천억 원이나 된다. 이명박 정권 이래 해마다 신기록을 다시 작성하고 있는 형편이다. 국내총생산GDP에서 국가채무가 차지하는 비율도 37.9퍼센트로 치솟았다. 유럽 각국에 비하면 한국의 사회복지제도는 아직 걸음마를 걷고 있는 형편인데도 국가부채가 이렇게 많아, 시민들의 우려가 커지고 있다.

감히 전쟁을 요구해?

노무현 정권을 끝으로 한반도에서 평화는 자취를 감추었다. 그 뒤로는 전쟁위협이 계속 증대되고 있다. 자본주의는 시장을 넓히고 물자를 독점하기 위해 전쟁을 요구한다는 통설이 아무래도 옳은 것 같다. 국방기술품질원이 발간한 「2016 세계 방산시장 연감」에 따르면, 한국은 2006년부터 2015년까지 9년간 미국산 무기를 가장 많이 수입한 나라이다. 2016년 10월까지 약 10년 동안 한국이 도입한 미국산 무기 값은 36조 360억 원에 이르렀다.(『조선일보』 2017. 1. 16) 결과적으로 한반도의 평화는 날이 갈수록 낙관하기 어려운 상태가 되었다. 최근에는 '사드'의 한반도 배치까지 가시화되고 있는 판국이다. 우리는 전쟁의 그늘에서 탈출할 방법이 정녕 없는 것일까.

미국 이야기를 좀 해봐야겠다. 2003년 미국은 이라크 및 아프가니스탄 전쟁을 일으켜, 우리 돈으로 1,100조 원도 넘는 전비를 썼다. 미국 의회의 조사 결과가 그렇다. 미국은 이라크가 대량살상무기를 보유하고 있기 때문에 침략전쟁이 불가피하다고 주장했지만, 그런 끔찍한 무기는 끝내 발견되지 않았다. 개전 사유 자체가 어불성설이었던 것이다. 책임지는 사람은 아무도 없었다. 덩달아 미국을 편든 영국도 이 전쟁에 7조 원을 탕진했다.

그때 미국은 하루 평균 8,100억 원을 날렸다. 이 돈이면 80개 이상의 초등학교를 짓고도 남았다. 1만 2천 명의 교사를 새로 채용할 수도 있는 거금이었다. 만일 무상급식에 썼다면 날마다 115만 명의 아이들에게 혜택이 돌아갔을 것이다. 대학생들에게 장학금을 지급했더라면 매일 3만 5천 명에게 졸업할 때까지 등록금 걱정을 덜어줄 수도 있었다. 이렇게 막대한 금액을 전쟁으로 탕진하는 정치가들의 두뇌구조는 도대체 어떤 모양일까.

전쟁이란 악마의 잔치다. 미국은 베트남전쟁에서 최소 7조 원을 전쟁비용으로 지출했다. 제2차 세계대전에서는 4천조 원 이상을 써야만 했다. 당시 패전국 독일도 2천조 원 이상을 전비로 허비했다. 19세기 영국은 아편전쟁을 일으키느라 6조 원 이상을 지출했다. 임진왜란 때 명나라는 조선출병에 1조 5천억 원 정도를 소진했다. 그때 조선과 일본이 쓴 전쟁비용은 아마 수십조 원에 해당했을 것이다. 전쟁은 미친 짓이다.

2003년 미국이 침략전쟁을 벌인 바람에 이라크 국립박물관은 무려 17만 점의 유물을 도둑맞았다. 전쟁 중 이라크 국립중앙도서관은 완전히 불타버렸고, 병원과 공공건물도 대파되었다. 전후 수백조 원이 복구비로 투입되었으나, 이라크 재건은 아직까지도 요원한 과제로 남아 있다.

만일 한반도에 전쟁이 발발한다면, 그 비용은 얼마나 될까? 전문가에 따라 예상비용은 천차만별이지만, 7천조 원 이상 소요될 것이라는 견해도 있다. 서울시 예산 24조(2016)의 290배가 넘는 거액이다. 전후 복구비용과 인명살상에 따른 2차 비용은 아예 짐작조차 못한다. 이런데도 2010년 이명박 대통령은 전쟁도 불사하겠다고 으름장을 놓았다. 보수층도 맞장구를 쳤다. 알다시피 한국의 보수세력은 잊을 만하면 '북한 핵 위기'를 거론하거나 야당의 '안보 불감증'을 탓하며, 정파적 이익을 추구하는 경우가 빈번하다. 그러나 때로 그들은 호전성을 과시하는 경향도 없지 않다. 감히 전쟁이란 두 글자를 함부로 입에 올려서는 안 된다.

좀 더 거짓말을 해 봐라

마지막으로 위정자들에게 한마디 경고의 말을 보낸다. 이것은 트럼프를 비롯한 세계 모든 나라의 정치가들에게 해당

되겠지만, 일차적으로는 한국의 권력자를 향한 것이다.

"거짓말 못 하는 사람은 무엇이 진실인지 모른다." 『차라투스트라는 이렇게 말했다』에서 프리드리히 니체가 한 말이다. 그만큼 진실과 언어의 문제를 숙고한 이도 드물었는데, "언어란 애매모호하기 짝이 없어서 진실의 토대로 삼기에는 부적합하다"는 것이 니체의 평소 생각이었다. 허나 언어를 떠나 인간의 진실이 표현될 방법은 없다. 언어를 통해 인간은 스스로를 속인다 해도 다른 방법이 없다. 그리하여 니체는 사회적 관행으로 굳어진 이런 사실을 직시하라고 일갈했던 것이 아닐까 한다. 요컨대 낡고 무력한 언어의 감옥에서 스스로를 해방하라는 뜻으로 거짓말 타령을 하였다고 보는 것이다.

공자 역시 진실[誠]을 추구하였다. 그는 자신을 속이는 것은 곧 하늘을 속이는 행위라고 확신했다. 다른 사람들은 다 몰라도 나 자신이 이미 그것의 거짓됨을 알고 있다면, 이보다 추악한 거짓이 없다고, 공자는 제자들에게 가르쳤다. 바로 여기서 신독愼獨의 개념이 나왔다. 바로 그 진실의 토대 위에서 조광조는 명덕明德의 이상정치를 펴고 싶어 했다.

나중에 조선의 성리학 사회가 잘못된 방향으로 흘러간 것은, 권력을 쥔 사람들이 거짓과 위선을 일삼았기 때문일 것이다. 유감스럽게도 최고위층의 거짓은 현대 한국 사회로 이어지고 있다. 정권이 바뀌면 '4대강 사업'을 둘러싼 거짓과 의혹들도 깨끗이 밝혀져야 할 것이다. 이명박 씨가 참회의 반성문이라도 써내면 얼마나 좋겠는가. 어차피 그런 기대가 불가능하다면 국회에서 청문회라도 열어 진실을 밝혀야 하지 않을까? '후쿠시마'의 참극을 외면하고 이명박과 박근혜 정권이 국내에 핵발전소를 더 짓자고 한 사실이며, 외국에까지 핵발전소를 수출하려고 한 점도 엄중히 캐물어야 하지 않을까? 아울러, 금융자본주의를 무조건 숭배하고 과잉산업화를 마치 당연한 책무처럼 여긴 역대 정권의 책임자들에게도 진지하게 물어볼 기회가 있었으면 한다. "당신들은 왜, 무슨 생각으로 양극화를 악화시키는 주역이 되기를 자청하였습니까?"

우리의 어처구니없는 현실을 고려하면 하나마나 한 말일지도 모른다. 저들은 선거 때만 되면 일자리 창출이니, 비정규직의 정규직화를 마치 제 일처럼 떠벌렸다. 그러나 막상 당선이 확정되고 나면 그 역시 없었던 일이 되었다. 지난 대선에서 박근혜 씨는 '경제민주화'를 대선공약으로 내세워 대통령에 당선되었다. 그러나 그 공약은 허무하게 휴지조각이 되고 말았다. 박 대통령의 거짓은 끝도 없었다. 2016년 겨울, 국정농단 사건이 발각되어 정치적 위기에 몰리자, "검찰 조사에 적극 협조하겠다"고 시민들 앞에 굳게 약속했다. 그러나 그 약속은 지켜지지 않았다. 그는 박영수 특검의 정당한 요구를 모조리 묵살했다. 시민과의 약속은 하나도 지켜지지 않았다. 공자와 니체는 진실의 가치를 말했으나, 우리의 현실은 그로부터 아주 멀리 떨어져 있는 것이다.

이런 식이라면 현재의 지배체제가 앞으로도 오랫동안 유지되지는 못할 것이다. 아마도 '문명의 전환'은 피하지 못할 일이 되고 말 것이다. 의롭지 못하고 공정하지 못한 관계를 바로잡으려는 노력이 크게 일어나서, 자본주의 문명이 파괴한 생태계를 재건하는 날이 올 것이다.

민주정치의 역사와
그리스의 위기

안타깝게도 한국은 그리스와 흡사한 점이 있다.
소수 재벌기업이 국민총생산의 과반을 독점하고 있는 데다,
기득권층이 지나치게 외세 의존적이다. 부자들의 국외자산 유출도
심각한 수준이다. 게다가 만성적 탈세와 부정부패가 만연해 있다.
누구도 단기간에 본질적인 개혁을 장담하지 못할 상황이다.
페리클레스의 지혜가 아쉽지 않은가.

　　　　　21세기 벽두부터 세계는 경제위기를 맞았다. 2008년 미국의 초대형 국제신용자본이 하루아침에 무너졌다. 그들 초국적 자본은 세계를 하나의 시장으로 편성해 많은 악덕을 저지른 상황이었기 때문에, 신용위기는 지구 곳곳으로 퍼져 나갔다. 유럽연합 가운데서도 스페인, 포르투갈, 그리스 등 상대적으로 가난한 나라들이 직격탄을 맞았다. 그리스의 사정은 특히 심각했다. '그리스 국가부채 위기'Greek government-debt crisis, Greek depression라는 신조어가 등장할 정도로 그리스 사태는 악화되었다.

　2009년 10월 현재, 그리스의 국가부채는 국내총생산의 113퍼센트에 이르렀다. 사태 수습에 나선 유럽연합의 집행부, 즉 유럽위원회European Commission, EC는 당장 2010년부터 그리스의 재정적자를 줄이기 위해 강력한 제재조치를 발동했다. 무리한 긴축재정 때문에 많은 그리스 시민들이 생존의 위기로 내몰렸다. 그들은 독일을 비롯한 유럽연합의 핵심세력이 그리스의 주권을 유린하고, 내정에 깊이 간섭했다며 격렬히 저항하였다.

시민들의 분노를 대변하며 그리스에는 '시리자'라고 하는 새로운 정치세력이 등장해 집권에 성공했다. 2015년 2월, 알렉시스 치프라스가 그리스의 신임총리로서 유럽연합 및 세계은행 등을 상대로 힘겨운 투쟁을 벌일 때, 나는 그리스에 있었다. 각국의 언론보도를 비롯해 구체적인 역사적 사실을 바탕으로, 나는 그리스 사태의 전말을 간단히 정리하였다.(2015년 3월) 이 글은 그때 쓴 「그리스 재정위기 ─ 뿔난 시민들, 정치판을 새로 짜다」(『녹색평론』 통권 142호, 2015년 5-6월, 25~41쪽)를 약간 고친 것이다. 그리스 사태는 현대 자본주의의 위기와 민주주의의 위기가 동전의 양면임을 명확히 시사하고 있다.

위기에 빠진 그리스

2015년 1월 25일, 시민들의 의지가 그리스 조기 총선거를 통해 관철되었다. '시리자'Syriza(2012년 5월 창당) 곧 '급진좌파연합'이 집권하였다. 시민들의 요구를 수렴한 시리자는, 선거공약으로 긴축정책의 철회, 시민들의 생존권 보장, 국유재산의 매각 반대 및 "국제금융기관에서 빌린 채무에 대한 재협상" 등을 내걸었다. 시리자의 여러 공약 가운데서도 다음의 두 가지가 특히 인상적이었다. 첫째, 빈민구호 정책을 펴, 매월 300킬로와트까지는 빈곤 가정에 무상으로 전기를 공급하고, 공공교통수단도 무료 이용을 보장하겠다는 것이었다. 둘째, '트로이카'의 간섭으로 억울하게 해고된 공무원의 재취업을 보장하겠다고 밝혔다. 트로이카는 유로존(유로화를 사용하는 17개국) 경제위기를 해결하기 위해 유럽연합EU·국제통화기금IMF·유럽중앙은행ECB이 뭉쳐 만든 채권단을 말한다. 이것이야말로 그리스 시민들이 바라는 것이었다.

시민들은 총선에서 시리자에게 36퍼센트의 표를 모아주었다. 99석을 확보한 시리자는 제1당에게 주는 '보너스 의원' 50석을 덤으로 받아, 총 의석수 300의 그리스 의회에서 149석을 차지했다. 그들은 보수우익의 '독립 그리스당'(13석)과 연립정권을 구성하였다. 그동안 집권여당이던 보수우파의 '신민당'은 제2당으로 밀려났다.(76석, 득표율 28.15퍼센트)

그리스의 재정위기는 그 기원이 수년 전으로 거슬러 올라간다. 2010년 4월 23일, 그리스 정부는 유럽위원회와 유럽중앙은행, 국제통화기금에 구제금융을 요청했다. 국가부도의 위기에 빠진 그리스 정부는 이들 세 기관으로부터 총 2,745억 유로라는 천문학적인 금액을 빌렸다. 이들 기관, 즉

'트로이카'는 상대적으로 높은 이자를 붙여 융자금의 분할 상환을 요구하는 한편, 그리스의 사회·경제문제에 깊숙이 개입하였다.

1997년의 외환위기 때 한국도 비슷한 경험을 하였다. 국제통화기금과 미국 등 채권국가는 한국이 유동성 위기에서 탈출하도록 도와주면서, 강도 높은 구조개혁을 강요하였다. 그리하여 전대미문의 대량해고사태가 일어났으며, 비정규직의 양산이라는 구조적 문제가 발생하였다.

그리스의 사정은 더욱 심각하였다. 2010년부터 5년간 그리스 시민들은 줄곧 혹독한 긴축경제를 감수했지만, 생계는 갈수록 어려워졌다. 1천만 그리스 시민들의 실망과 분노는 날로 커져 대중적 시위와 집회로 표현되었다. 그것이 결국 일대 정치 변화를 낳았으나, 사태가 해결될 조짐은 2017년 2월 현재까지도 보이지 않는다.

앞으로 그리스의 국채문제는 과연 어떻게 될 것인가? 그리스는 국가파산(디폴트)의 위기를 겨우 넘긴 것처럼 보인다. 그러나 낙관하기는 아직 이르다. 그리스 문제는 한 국가의 사활이 걸린 문제이자, 유럽연합 전체의 미래가 달린 중대사이다. 그리스 사태를 계기로 우리는 유로화의 근본 문제 및 자본주의 체제 아래서의 국가 간 민주주의의 문제를 다시 숙고해야 할 때가 되었다.

그리스 사태가 가장 심각한 상태에 놓였던 2015년 2월 중순, 나는 2주 동안 아테네에 머물 기회가 있었다. 아테네의 첫인상은 너무도 허술하였다. 공항에서는 '입국심사'의 절차조차 없었다. 경유지인 독일 프랑크푸르트 공항에서는 혁대까지 풀게 하고, 신발 밑바닥까지 세밀하게 검사하던 것과는 대조적이었다.

공항에서 수도 아테네의 도심으로 들어가는 전철 속 시민들의 표정도 어두웠다. 그리스의 실업률이 26퍼센트라니, 당연한 일이었다. 아테네 도심의 가로변에는 황금빛 오렌지가 주렁주렁 매달려 있지만, 대낮인데도 도시의 풍경은 밝지 않았다. 큰길에서 몇 발짝만 안쪽으로 들어가 보면, 허물어져가는 빈집과 낙서투성이의 허름한 건물들이 즐비하였다. 밤의 아테네는 시민들의 고통을 더욱 절실하게 표현하였다. 초저녁부터 시커먼 적막이 도시의 밤공기를 지배하였다.

페리클레스의 고대 민주정치

그리스는 지중해의 활기와 싱그러움을 자랑하는 나라였

다. 산과 들 어디나 올리브나무 숲이 무성하다. 본디 올리브나무는 아테네의 수호여신 아테나이가 내려준 축복이었다고 전한다. 아테네의 자랑 아크로폴리스에는 지금도 올리브나무 한 그루가 기념비처럼 버티고 서 있다.

그리스 반도는 토양이 척박하고, 농사철 강수량도 부족하다. 평야는 드물고 비탈진 산지가 많다. 자급자족이 어려운 나라였다. 그리스 사람들은 이러한 악조건을 돌파하기 위해 올리브나무를 심고 가꾸었다. 그들은 올리브기름과 향료 및 도자기를 배에 잔뜩 싣고, 지중해를 누볐다. 그들의 용기와 지혜가 그리스 문명을 일으킨 초석이었다.

그리스 문명의 중심에 아테네가 있었다. 기원전 5세기 페리클레스(기원전 495?~429)는 문명의 황금기를 열었다. 도시국가 아테네는 델로스 동맹을 체결해 강대국 페르시아의 침입을 격퇴하고 지중해의 패권을 잡았다. 페리클레스는 동맹의 운영자금으로 아크로폴리스에 파르테논 신전을 짓기 시작하였다. 1987년 유네스코가 세계문화유산으로 지정한 아크로폴리스의 장관은, 아테네 시내 어디서나 손에 잡힐 듯 다가온다. 문화국가 그리스의 진면모는 오늘날에도 도시 곳곳에서 확인된다. 고대 아고라와 디오니소스 극장은 아테네의 찬란한 문화를 웅변한다. 고고학 박물관과 아크로폴리스

박물관 등도 방문객의 마음을 사로잡는다. 파산 직전의 채무국가 그리스의 무거운 공기가 아테네의 현재를 억누르고 있지만, 고대의 명소들이 선사하는 화려와 장엄의 미학도 현실이다. 아테네에서는 문명의 짙은 명암이 교차한다.

그리스는 고대로부터 외세의 지배 아래 신음할 때가 많았다. 먼 옛날에는 페르시아를 비롯한 주변국가와 유목민족들의 침략이 잦았다. 그 뒤 로마가 강성해지자 그 식민지로 전락하였다. 로마제국의 멸망으로 되찾은 자유도 오래가지 못하였다. 1458년, 이슬람국가 오스만제국이 아테네를 침공해 식민지로 삼았다. 그리스가 그 지배를 벗어난 것은 1830년이었다. 또 제2차 세계대전 중에는 히틀러의 침략을 받아 최소 100만 명이 목숨을 잃고, 국토가 초토화되었다. 전후에는 3년 동안 좌우익 간의 내전을 겪었다. 그리스의 역사는 시련과 고통으로 점철되었다.

그리스 사람들은 기원전 479년에서 기원전 336년 사이의 이른바 '고전기'를 유난히 강조하는 경향이 있다. 그 당시 그리스의 사정은 복잡했다. 외세인 페르시아의 압박도 거셌고, 내부에서는 스파르타를 비롯한 펠로폰네소스 동맹의 도전도 심각하였다. 난국을 극복하기란 거의 불가능해 보였다.

그때 아테네 시민들은 민주정치를 선택했다. 알다시피 경쟁국 스파르타는 모범적인 농업국가로서 자급자족을 꾀하며, 막강한 병영국가를 건설했다. 그러나 아테네의 지도자 페리클레스는 시민들과 권력을 함께 나누었다. 아테네에서는 세계 어디서나 귀족의 전유물로 알려진 정치권력을 평민들도 함께 행사하였다. 시민들은 추첨을 통해 각종 관직에 선발되었고, 국가로부터 일정한 봉급을 지급받았다. 또한 시민들은 독재자가 될 가능성이 농후한 귀족을 찾아내, 10년간 그를 국외로 추방하였다.(도편추방) 귀족의 전횡이 사라졌고, 귀족의 부정부패도 일소되었다. 아테네 시민들이 국가사무에 직접 참여했고, 일상생활에서도 마음껏 자유와 번영을 누렸다.

아테네 시민들은 유사시 자발적으로 전선을 지켰다. 기원전 431년, 스파르타와의 전쟁에서 사망한 전몰장병의 추도사에서 페리클레스는 힘주어 말했다. "우리 시민들은 미래에 발생할지도 모르는 고난에 대처하기 위해 미리 훈련을 받느라, 시간을 낭비하지 않습니다. 난관이 우리 앞에 현실로 다가온다면, 우리는 늘 엄격한 훈련을 받아온 사람들(＝스파르타 사람들)만큼이나 용맹합니다. 이런 사실이야말로 우리 도시가 칭찬받아 마땅한 한 가지 특징입니다."

한마디로, 민주주의는 내외의 환란에 시달리던 아테네의

마지막 보루였다. 페르시아를 상대로 한 마라톤 전투(기원전 490년)와 살라미스 해전(기원전 480년)에서 주변국의 예상을 뒤엎고 아테네가 승리한 것도 민주정치의 힘이었다. 바로 그러한 정치적 토양 위에서 문화가 꽃을 피웠다. 철학과 문학, 예술 및 자연과학의 발달이 눈부셨음은 두말할 나위도 없다.

아테네의 민주정치에도 약간의 한계는 있었다. 자국의 이익을 앞세워 '제국'의 길을 추구한 점도 아쉽고, 출생에 집착해 시민권을 제한한 것도 약점이었다. 하지만 그런 것은 아테네만의 문제가 아니라 고대국가의 전반적인 한계였다. 아테네가 사상 초유의 정치실험을 했고, 한때 괄목할 만한 성과를 거두었다는 사실이 중요하다. 그 당시 아테네에는 국가의 모든 일에 적극 참여하는 교양시민이 많았다. 그들이 바로 정의로운 민주사회를 만들었다.

전몰장병 추도사에서 페리클레스는 시민의 참여정신을 다음과 같이 강조하였다. "정치에 관심이 없는 시민은 그 자신의 사업에 충실한 사람이 될 수 없습니다. 그런 사람들은 이 나라에서 아무짝에도 쓸모없는 사람들이라고 우리는 말합니다." 예나 지금이나 시민의 직접적인 정치참여를 제한하는 민주정치는 허울일 따름이다.

신타그마 광장의 함성

한국에서는 설 연휴가 시작되던 2015년 2월 18일은 수요일이었다. 그날 초저녁 아테네의 신타그마 광장에 15만 명의 그리스 시민들이 운집했다. 그리스 신정부는 추가적인 금융지원을 얻기 위해 트로이카와 협상 중이었으나, 난항이 거듭되었다. 광장에 모인 시민들은 함성을 질러 신정부를 응원하였다. 같은 날 브뤼셀과 베를린 등에서도 그리스 정부를 지지하는 연대시위가 잇따랐다.

그리스 시민들이 자국 정부를 공개적으로 지지한 것은, 유사 이래 드문 일이었다. 트로이카가 그리스 문제에 개입한 지 일 년째인 2011년부터 그리스 시민들은, 정부를 거센 어조로 성토했다. 그리스 우파 정부는 트로이카의 요구대로 대량해고를 단행했다. 시민들의 연금도 대폭 깎았다. 복지 혜택은 사실상 사라졌다. 아테네 곳곳에서 반정부 및 반'트로이카' 시위가 계속되었다. 시민들의 입에서는 '정의의 분노'Aganaktismenoi가 쏟아졌다. 신타그마 광장에는 "긴축통치 주범 트로이카 독재는 물러가라"는 대형 현수막도 걸렸다. 시위현장에는 화염병이 난무했고, 경찰과의 물리적 충돌은 일상적인 풍경이었다.

그리스의 참혹상은 1997년 외환위기 때의 한국과 여러모로 비슷하면서도 현저한 차이점이 있었다. 한국에서는 시민들의 공개적인 대중저항은 없었다. 한국 시민들은 금 모으기까지 하며 위기극복에 힘을 보탰다. 그러나 한국의 대기업들은 시민들의 고통을 분담하기는커녕 정리해고를 당연한 일로 여겼고, 해외 투기자본들은 더욱 배를 불렸다. 희생을 운명처럼 받아들인 한국의 중산층은 그 상당수가 빈곤층으로 전락하였다.

그리스 시민들의 대응자세는 달랐다. 그들은 트로이카의 간섭과 정부의 무능을 집단적이고 공개적으로 질타했다. 그러한 저항과 비판의 결과, 수년 뒤 정치적 변화가 결실을 맺었다. 앞서 말한 시리자의 총선 승리는 현실에 적극 참여하는 그리스 시민들의 승리로 볼 수 있었다.

트로이카, 특히 유럽위원회와 유럽중앙은행은 그리스의 정치적 변화에 극도로 긴장하였다. 그들은 2015년 2월 20일, 그리스 신정부에게 추가지원을 일단 약속했으나, 그해 4월 6일까지도 추가 구제금융을 실시하지 않았다. 무려 다섯 번씩이나 그리스 정부가 제출한 세부개혁안에 여러 가지 구실을 붙여 퇴짜를 놓았다. 이런 상태는 그리스 시민들에게 피를 말리는 것과 같은 고통을 주었다. 현금부족으로 애로를 겪은 나머지 그리스 신정부가 2015년 4월 말쯤 국가파산을 선언할 수밖에 없을 것이라는 관측이 분분할 정도였다.

그리스 신정부와 트로이카 사이에서 타결된 협상문건에 대해서는 시리자 내부의 비판도 적지 않았다. 합의된 문건에는 트로이카가 그리스에게 혹독한 긴축과 구조개혁 및 국유재산 매각 등을 강요한 「2010 메모랜덤」이 여전히 살아 있었다. 게다가 시리자의 선거공약인 채무탕감, 채무지불의 일시 중단Moratorium 및 유럽투자은행EIB의 새로운 투자기금 형성에 관한 재협상 건은 문건에 전혀 반영되지 못했다. 타협문건에 대해 내부의 불만이 높은 것은 당연하였다.

그러나 그해 2월의 협상 결과를 무조건 부정적으로만 평가할 것은 아니었다. 신정부는 트로이카의 줄기찬 반대에도 불구하고, 국채에 관한 재협상의 물꼬를 텄다. 또한 신정부의 거듭된 노력 덕분에 유럽연합은 그리스 시민들의 고통을 통감하고, 이를 완화하기 위해 특단의 인도적 지원이 필요하다는 점에 동의하였다. 그리스 신정부의 협상은 일단락되었지만 아직도 완결된 것이 아니었다. 새로운 절충은 앞으로도 계속될 것이었다.

국내외의 대다수 매체들은 그리스 신정부를 지목해, 자국 경제의 회생을 가로막는 걸림돌이라고 말했다. 그러나 이것은 트로이카의 이해관계를 충실히 대변하는 것이었다. 그리스 시민사회의 여론은 전혀 달랐다. 시리자는 2015년 1월 말 집권한 이래 수차례 실시된 여론조사에서 제1당의 위치를 빼앗긴 적이 한 번도 없었다. 그리스 시민의 63퍼센트는 시리자의 금융협상 정책을 지지했다. 정당 지지율 역시 40퍼센트를 상회했다. 그것은 제1야당인 신민당보다 두 배 이상 높은 지지율이었다.(2015년 4월 초순) 그리스 시민들은 트로이카에 격렬히 저항하는 신정부의 편을 든 것이다.

'유로'화는 빛 좋은 개살구인가

아테네 체류 기간 동안 나는 서구의 대중매체에서 '그렉시트'Grexit와 '그렉시덴트'Graccident라는 신조어와 자주 마주쳤다. 둘 다 그리스의 '유로존' 이탈을 뜻하였다. 의미상 약간의 차이는 있어, 전자는 위기에 내몰린 '그리스'(G)가 스스로 유로존을 '탈출'Exit하는 경우를 말했다. 후자는 벼랑 끝에 선 '그리스'(G) 정부가 현금관리에 실패한 나머지 국가파산이란 '사고'Accident를 당하는 것을 뜻했다. 트로이카의 주축인 독일은 그리스의 최대 채권국가로서, 그리스 신정부의 반反트로이카 정책을 가장 우려했다. 2015년 2월, 독일 정부는 그리스의 유로존 이탈을 기정사실로 간주하고, 후속대책을 마련하는 데 여념이 없었다.

그때 지스카르 데스탱 전 프랑스 대통령은 신문지상을 통해 그리스 신정부에게 유로존 이탈을 권고하였다. 그의 회고에 따르면, 2001년 그리스가 유로존에 합류할 당시 자신과 헬무트 콜 독일 총리는 이를 반대했다고 한다. 그리스는 경제기반이 부실하고, 국가부채 비율이 유럽연합이 체결한 '마스트리히트 조약'의 제한규정보다 높다고 판단했기 때문이다. 하지만 그리스 정부는 회원국이 되기를 강력히 희망했고, 다른 회원국들도 적극 찬성했기 때문에 막지 못했던 것이다.

유로화는 1999년 1월 1일, 독일과 프랑스 등 11개국의 단일화폐로 등장하였다. 그 2년 뒤 그리스가 추가로 가입하였고, 점차 회원국의 수가 늘어나 2015년 현재 총 19개 국가가 유로존에 속한다. 출범 당시 찬반 논란이 무성했지만, 유로화는 다음의 세 가지 점에서는 기대를 모았다.

첫째, 유로존의 경제성장에 기여할 거라는 믿음이었다. 유로화의 등장으로 화폐가 단일화되면 시장이 확대되고 수요도 창출되며, 그간 각국 화폐 간의 환율 불안정으로 인해 조성된 시장의 불안감이 사라지고 외환 거래비용도 완전히 소멸될 전망이었다. 시장의 투명성도 높아져, 그리스나 스페인처럼 가난한 남유럽 국가들은 경제대국으로부터 직접투자가 확대될 것으로 예상하였다.

둘째, 달러보다 강한 유로화를 사용하면 물가안정이 가능하리라는 전망이 있었다. 악성 인플레이션에 시달리던 이탈리아는, 물가안정을 통해 국제자본시장에서 자국의 신용등급이 상향조정될 것으로 믿었다.

셋째, 유로화는 유럽의 '정치적 통합'을 촉진할 것으로 기대했다. 각국은 양차 세계대전으로 쓰라린 아픔을 겪은 터라, 유럽의 항구적인 평화와 정치적 안정을 희구하였다. 유럽 시민들은 단일화폐인 유로화를 통해 유럽이 하나로 통합되기를 바랐다.

이 밖에도 전문가들은 몇 가지 긍정적인 파생효과를 예측했다. 유로존 내부의 인적·물적 교류와 협력이 증대할 뿐만 아니라, 미국의 세계지배권을 억제하는 데도 효과가 있을 것으로 보았다. 또 동아시아를 비롯한 신흥공업국의 도전에 직면한 유럽의 지위를 높이고, 재통일된 독일의 독주를 견제하는 방법이 될 수도 있다는 견해였다.

그러나 유로화의 도입 효과는 기대에 못 미쳤다. 우선 경제성장률이 시원치 않았다. 예컨대 1997~2007년간 유로존의 평균 경제성장률은 연간 2.2퍼센트에 그쳤다. 같은 시기 미국은 2.8퍼센트의 성장을 기록했고, 유럽 전체 평균도 2.5퍼센트였다.

물가안정 효과도 예상을 빗나갔다. 유로화 도입 초기에는 뜻밖의 인플레이션 현상이 만연했다. 그때는 '토이로'Teuro 즉, '비싼'Teuer '유로'Euro화라는 신조어가 유행할 정도였다.

더 심각한 문제도 발생했다. 단일화폐를 채택하고 나자 회원국들은 자국의 형편에 적합한 통화정책을 펼 수 없게 되었다. 인플레이션 정책이 불가능하자, 약소국의 국가채무는 눈덩이처럼 불어났다. 마침 2008년을 전후해 세계는 장기침체 국면에 돌입했고, 그 바람에 그리스, 아일랜드, 포르투갈, 사이프러스, 스페인 등은 국가파산의 위기에 직면했다.

회원국의 고른 성장과 발전이란 본래의 목표는 빈말이 되었다. 유로화의 도입으로 이득을 본 나라는 거의 없었다. 눈길을 끄는 것은 독일의 독주였다. 과중한 통일비용 때문에 고전을 면치 못하던 독일에서는 실업률이 계속 감소했고, 해마다 사상 최대의 무역흑자 기록을 갱신하였다.

유럽 각국의 사정을 날카롭게 검토한 그리스 시민들은,

사태의 진면모를 파악하였다. 그들은 독일이 유럽연합을 이용해 이익을 독차지한다는 결론을 내렸다. 적확한 분석이었다. 그리스 등 남유럽 국가들이 경제위기에 빠져 유로화의 환율이 약화되자, 독일의 공산품 수출은 도리어 증가했다. 또 남유럽의 부패한 민간자본은 안전한 독일로 도피하는 사태가 벌어졌는데, 이것이 독일의 경제성장에 일조하였다. 이런 상황임에도 남유럽 국가들은 비싼 이자를 지불해 가며 독일에 손을 내밀어 거금을 빌릴 수밖에 없었다. 설상가상으로, 독일은 소수의 채권국가 및 거대 은행과 함께 트로이카를 조종해 채무국가들에게 강도 높은 구조조정과 긴축재정을 강요했다.

그리스 시민들은 유럽연합을 지배하는 것은 비정한 소수의 전문 관료집단이라고 판단했다. 그 배후에는 강대국의 정치가들이 버티고 있고, 그들을 은밀한 방법으로 움직이는 것은 은행가를 비롯한 소수의 다국적 기업가들이라고 진단했다. 그들은 유로존을 무혈점령해, 약자를 수탈하는 셈이다. 실제로 유럽연합의 중요의제를 다룬 회의 결과에는 강대국의 목소리만 반영된 듯하다. 그리스와 같은 약소국가들이 느끼는 소외감은 적지 않다. 그렇다면 오늘날 그리스 시민들에게 유럽연합은 무엇인가? 그것은 거대한 제국적 질서의 또 다른 이름이 아닌가.

그리스 시민들의 현실인식에 큰 변화가 나타나기까지는 상당수 지식인들의 역할이 있었다. 야니스 바루파키스 교수(아테네국립대학교)도 그 중 한 사람이었다. 그는 '블로그'를 통해 시민들과 많은 의견을 주고받기로 유명했다. 칼 마르크스의 영향을 받은 그는, 케인즈 학파의 경제학자로서 처음부터 트로이카의 내핍정책을 강력히 비판했다.

바루파키스는 은행의 잘못 때문에 생긴 채무를 가난한 시민들에게 떠넘기는 트로이카의 부당한 조치를 비판했다. 만일 그리스처럼 경제기반이 허약한 나라가 트로이카의 지시대로 움직일 경우, 은행과 투기자본만 배를 불릴 뿐 경제회생은 불가능하다고 경고했다. 그의 지적은 현실이 되었다. 냉혹한 내핍정책 때문에 그리스 시민들의 평균수입은 종전의 4분의 3으로 줄었으나, 생계비는 껑충 뛰어올랐다. 현재로서는 그리스가 국채를 모두 청산할 전망이 없다.

2010년, 바루파키스는 스튜아트 홀랜드와 공저로 『유로존의 위기를 풀기 위한 소박한 제안』을 출간해 세상의 이목을 끌었다.(2013년의 제4판부터는 제임스 갈브레이스도 공저자로 추가) 이 책은 남유럽 국가들의 국가파산을 방지하기 위해 몇 가지 해법을 제시하였다.

첫째, 파산 직전의 나라에서는 중앙은행이 여타 은행들을 직접 감독하는 것이 바람직하다고 했다. 이는 개별 은행의 이기적 행위를 제한하기 위해서 필요한 조치로 보았다. 둘째, 남유럽 국가의 부채는 '마스트리히트 조약'(1999)이 허용하는 범위 안에서, 유럽중앙은행이 후원하는 채권형식으로 정리할 것을 요구했다. 이로써 해당국의 과도한 신규 금융 자금 요청을 방지할 수 있기 때문이었다. 셋째, 유럽의 투자 펀드와 위기관리 프로그램을 조성하고, 필요한 재정은 관련사업의 이자로 충당하기를 바랐다. 이는 트로이카에 대한 채무국의 의존도를 낮추기 위한 것이었다.

2015년 초 바루파키스는 이 책에 제시된 견해를 토대로, 유럽연합이 투자 펀드를 새로 조성해, '메르켈 계획'이라고 명명하자고 제안하였다. 독일에도 그의 견해에 공감하는 학자들이 있었다. 그러나 그런 제안을 허황한 "구름 떠밀기"라고 비판하는 이들이 다수라서 결국 좌절되었다.

바루파키스는 트로이카가 남유럽의 국가채무를 관리하는 방식이 근본적으로 잘못되었고, 그로 인해 유로화의 미래가 대단히 어둡다고 비판했다. "유로는 아마 오래 존속하지 못할 것이다. 현재까지 유럽연합이 재정위기를 대처하는 방식은 완전히 잘못되었기 때문이다. 유럽중앙은행은 위기상황을 옳게 통제하지 못했고, 유럽의 은행제도는 예나 지금이나 엉망이다. 유럽은 자국 위주의 정치를 계속하면서, 재정의 일원화만 꾀하고 있다. 만일 유럽의 재정문제를 현재와 똑같은 방식으로 처리할 경우, 이삼 년 뒤에는 유로가 완전히 사라질 것이다." 많은 그리스 시민들이 이처럼 암울한 바루파키스의 현실 진단에 오늘날까지도 공감한다.

그리스는 산업특성상 관광업과 숙박 및 요식업 등 유관 분야에 종사하는 시민들이 많다. 그들은 환율이 안정된 유로화를 선호하며, 유로존에 계속 머물고 싶어 한다. 그러나 국가채무위기에 빠진 그리스의 시민으로서 그들은, 트로이카의 정책에 완전히 실망하였다. 그들은 유로화의 장래에 희망을 걸 수가 없는 형편이다.

치프라스 정부와 독일의 불화

바루파키스는 그리스 신정부의 재무장관에 기용되었다.(2015년 1월 27일) 트로이카와의 협상 책임자가 된 것이다. 그러자 트로이카는 곧 유럽위원회 디쎌블롬 위원장을 아테네로 보내, 자신들의 입장을 재천명했다. 트로이카는 기존 노선을 고수할 것이고, 신정부와의 채무탕감 협상 같은 것은 앞으로도 절대 없다고 못 박았다. 그에 맞서 바루파키스 장관은 재협상이 불가피하다는 점을 강조하였다. 언론보도를 통해 그리스 신정부와 트로이카의 견해 차이가 명백히 드러났다.

2015년 2월 초부터 트로이카의 대표인 독일 정부와 그리스 신정부 사이에 설전이 격화되었다. 볼프강 쇼이블레 독일 재무상은 그리스 신정부를 혹평했다. 그는 여러 가지 말로 바루파키스를 공격했는데, 요점은 바루파키스가 "무능하고 나이브하다"는 것이었다. 현실주의자인 쇼이블레의 입장에서 볼 때 바루파키스의 주장은 물론 납득하기 어려웠다. 쇼이블레는 또, "그리스 시민들은 잘못된 선택"을 하였다며, 그리스의 조기총선 결과에 대한 실망감을 노골적으로 표현하였다. 그는 그리스 재정위기의 성격을, "그리스는 자국의 경제력으로 누릴 수 없는 과도한 복지정책을 펴서 망했다"는 말로 요약 정리하였다.

쇼이블레는 그때까지 수년간의 사정을 요약해, "2014년 11월까지는 (우파 정권의 책임 아래) 모든 것이 정상궤도에 있었다. 그때는 그리스의 경제회생이 가능해 보였다"라고 주장했다. 그는 과거 트로이카와 그리스 정부의 관계가 지극히 정상적이었다고 평가했다. 보수 우파인 쇼이블레의 세계관을 적확하게 드러낸 표현이었다. 쇼이블레가 내리는 결론은 빨랐다. "그리스 신정부는 기왕의 그리스 정부가 트로이카에게 약속한 모든 사항을 철저히 이행하라."

쇼이블레가 그리스 신정부와 바루파키스 장관을 공격한 발언은 일일이 셀 수 없을 정도로 많았다. 그 가운데는 극단적인 것도 있었다. "이 사태가 해결되려면 치프라스 총리가 양보하든가, 또는 실각하든가 두 가지 선택지밖에 없다." 그리스 시민들과 신정부가 보기에 쇼이블레의 이러한 발언은 참을 수 없는 것이었다.

바루파키스를 비롯한 그리스 신정부 인사들도 험악한 설전으로 맞대응하였다. 특히 바루파키스는 독일 정부의 무능을 비판하고, 국제간 금융거래의 본질을 파헤쳐 약자(채무국가)의 위기를 이용해 강자(채권국가)가 경제적 이익을 추구한다고 비난했다.

독일과 그리스 양국의 언론은 상대방에 대한 극도의 혐오감을 조장했다. 그런 와중에 2015년 3월, 독일의 공중파는 2013년 어느 강연에서 바루파키스가 독일의 탐욕을 비판하며 자신의 가운데 손가락을 치켜들어 모욕하는 장면이 담긴 동영상을 공개하였다. 그때 바루파키스는 주장하기를, "2010년 1월 그리스는 아르헨티나의 선례대로 국가파산을 선언하는 편이 차라리 좋았을 것이다. 그랬더라면 국제통화기금이 이토록 오만방자하게 굴지는 못했을 것"이라고 강조했다. 그리스 신정부의 협상책임자가 이미 국가파산을 염두에 두고 있었다는 점을 우리는 기억해야 할 것이다.

시리자의 당수로 신정부의 총리가 된 알렉시스 치프라스는 신정부의 역사적 사명을 다음과 같이 강조하였다. "이 기회에 유럽연합의 면모를 일신하여 팽배한 국가중심주의를 극복하고, 패권주의를 종식하는 계기로 삼자." 그리하여, "유럽 여러 국가 간에 민주주의의 원칙을 바로 세우자"고 그는 다짐하였다. 또한 그는 "지난 세기 유럽의 역사에서 사회주의가 이룩한 사회정의의 전통을 굳게 수호함으로써, 인류문화의 긍정적인 정치유산을 지키자"고 호소하기도 했다.

치프라스 총리는 트로이카와의 정면대결이 불가피한 이유를 다음과 같이 설명하기도 했다. "이대로 가만히 놔두면 남유럽과 같은 유럽연합의 변경이 다 쓰러진다. 그러면 결국 독일도 망할 날이 오고야 만다." 치프라스는 취임 초부터 각국의 사회주의 세력과 연대함으로써, 유럽연합을 지배하는 소수 기업가와 정치가들의 독주를 막고, 사회주의의 전통적 가치인 사회정의를 부활시키고자 노력했다. 그는 "사회정의의 실종"이야말로 21세기 유럽이 해결해야 할 선결 과제라고 거듭 주장했다.

2015년 2월, 그리스 시민들은 젊고 패기 넘치는 치프라스(40세)의 정의론에 공감을 표했다. 나는 아테네 시내를 산책하다가 어느 골목길에서 평범한 시민들이 그린 벽화 한 장을 발견했다. "위대한 알렉시스!"(알렉시스는 치프라스 총리의 이름)라는 글귀가 적혀 있었다. 그림의 중앙에는 신정부의 총리가 용감한 전사의 모습으로 우뚝 서 있었다. 그리스 시민들은 트로이카의 부당한 요구에 맞서 치프라스 총리가 용감히 싸워 이김으로써 사회정의가 실현되기를 염원하고 있다는 증거였다.

2015년 봄, 채권국가인 독일 정부의 입장도 쉽지만은 않았다. 그들로서는 그리스 신정부의 재협상 요구를 받아들일 수가 없었다. 독일 시민들의 혈세를 융자금으로 지불한 만큼 채무탕감을 자국민들에게 납득시키기 어려웠다. 독일의 경제적 이익을 포기하면서까지 그리스를 도우려 한다면, 독일의 어떤 매체도 이를 수용하지 않을 것이 틀림없었다. 겉으로 유럽연합은 회원국의 공동이익을 앞세우지만, 이런 견해를 대변하는 매체는 전무한 실정이다. 만에 하나 독일이 그리스 신정부의 요구를 수용할 경우, 스페인과 포르투갈 등도 잇따라 채무 완화조치를 희망할 것이 뻔했다. 그렇지 않아도 스페인에서는 좌파정당 '포데모스'가 등장해, 그 상승세가 심상치 않은 참이었다. 이런 여러 가지 사정을 고려해 메르켈 독일 총리는 그리스 신정부를 줄곧 박대했다. 그러다가 2015년 3월 23일, 치프라스 총리와 늑장 회동을 하였다.

독일의 강경책에 실망한 그리스 신정부는, 제2차 세계대전 때 독일이 그리스에서 저지른 만행을 들추며 금전적으로 보상하라고 요구했다. 또 자국의 지정학적 위치를 활용해 미국 및 러시아와의 관계 개선에도 적극성을 보였다. 특히 러시아와는 전통적으로 우호가 돈독했던 만큼 푸틴 대통령과 연대를 강화하려 했다. 그리스 신정부는 동아시아의 최강자 중국과도 다각적인 접촉을 벌였다. 만일 '북대서양조약기구'NATO의 일원인 그리스가 유로존을 이탈해 러시아 및 중국과 밀착될 경우, 미국과 유럽연합의 손실은 막대할 것이 틀림없었다. 그러므로 미국과 독일은 속생각이야 어떻든 간에 그리스의 유로존 이탈을 막기 위해 끝까지 노력할 수밖에 없었다.

그리스 시민들 중에는 당장 유로존을 이탈하자고 주장하는 이가 극소수였다. 시민들은 국내외의 여러 가지 여건상 치프라스 정권의 협상력에 한계가 있다는 점을 인식하였다. 그러면서도 신정부의 재협상 요구가 관철되기를 바랐다. 그러나 만성적인 유동성 문제가 해결되지 못하고, 시리자가 당초 내건 선거공약을 무산시키고 말 경우, 결국 등을 돌리게 될 가능성이 높아 보였다.

안타깝게도 한국은 그리스와 흡사한 점이 있다. 소수 재벌기업이 국민총생산의 과반을 독점하고 있는 데다, 기득권층이 지나치게 외세 의존적이다. 부자들의 국외자산 유출도 심각한 수준이다. 게다가 만성적 탈세와 부정부패가 만연해 있다. 누구도 단기간에 본질적인 개혁을 장담하지 못할 상황이다. 페리클레스의 지혜가 아쉽지 않은가.

역사의 교훈

2005년 가을 메르켈이 총리로 취임할 무렵, 독일 경제는 최악이었다. 5백만 실업자를 부양하느라, 독일은 자국의 헌법은 물론이고 '마스트리히트 조약'이 정한 한계를 무시하고 국가채무를 250억 유로나 더 불렸다. "절약과 개혁 대신 복지혜택"을 선택한 그 정책은 결국 성공했다.

그리스 신정부가 2015년 초에 도모하는 일은 그때 독일 정부가 취한 조치와 동일하였다. 하지만 메르켈 총리는 십 년 전 자신이 펼친 정책을 그리스 신정부에게는 허용하지 않았다. 그리스 신정부는 과연 어떻게 하는 게 옳았을까? 사회적 빈곤이 극심한 처지라서 더 이상의 '절약'을 강요할 수는 없었다. 치프라스가 트로이카를 비난하며, 국가적 "자부심"과 "존엄"을 침해하지 말라고 주장하는 것은 옳은 말이었다.

그보다 5년 전인 2010년 11월, 쇼이블레 독일 재무상은 소르본대학교에서의 한 강연에서, "독일은 유로존의 단결에 기여해야 한다"고 주장했다. 그는 미국 경제학자 킨델 베르거를 인용하며, "유럽연합 내부의 안정성은 국가적 이기심을 버릴 때만 완성될 수 있다"고 역설했다. 독일이야말로 그리스와의 관계에서 쇼이블레의 말을 실행에 옮길 때가 되었다. 그러나 쇼이블레는 이미 자신이 무슨 말을 했는지조차 까맣게 잊은 것 같았다.

그러나 채권국가라고 해서 복잡한 속사정이 없는 것은 아니었다. 그리스의 최대 채권국 독일의 내부 사정을 들여다

보면 고질적인 문제가 많았다. 우선 빈부의 격차가 극심하였다. 2015년 현재 독일의 대도시에서는 25초마다 한 명이, 쓰레기통을 뒤져 타인이 먹다 남긴 음식 부스러기를 찾는 실정이었다. 도시빈민의 문제는 이미 한계를 넘어섰다. 최근에는 농촌에도 빈집이 급속도로 늘어나는 등, 사회 전반이 붕괴 조짐을 보였다. 또 산업구조 역시 위기상황이었다. 1차 산업은 물론, 줄곧 독일의 자랑거리였던 자영업과 중소기업도 사양길에 처했다. 게다가 만성적인 고령화와 출산율 저하로 인구 역시 감소세다. 독일 사회는 여러 가지 미해결의 문제로 골치를 앓았다.

본래 유로화는 유럽의 공존공영을 위해 도입된 것이지만, 결과는 참혹하다. 약소국 그리스도 그렇지만 독일의 경우에도 많은 시민들이 유로화로 인해 피해를 보아왔다. 비유하면, 미국의 소수 지배자들이 기축통화인 달러화를 가지고 일방적으로 이른바 '양적 완화' 즉 인플레이션을 결정하거나 또는 그와 정반대되는 정책을 펴는 것과 같다. 그때마다 온 세상 사람들이 자신의 의지와 무관하게 재정적 부담을 떠안게 된다. 이런 사정을 종합적으로 이해하지 못한 채, 아직도 많은 사람들은 영토와 시장의 규모만 키우면 경제가 성장해 자신들에게 이득이 될 거라고 믿는다. 하지만 그것은 너무도 단순한 생각이다. 현 체제 아래에서는 경제규모가 확대되면 자본과 기술이 집중된다. 이것은 해당 사회의 관리와 통제의 권한을 전문가들의 수중에 일임한다는 의미다. 그렇게 되면, 시민들은 사회적으로 중요한 결정에서 배제될 수밖에 없다.

교양 높은 시민들이 적극적으로 참여해, 국가의 사무를 민주적으로 결정하는 것이 최선의 방법이다. 페리클레스 시대에 전성기를 누린 직접민주정치는, 21세기에도 여전히 정치적 영감의 근원이다. 트로이카의 횡포에 경악한 현대 그리스 시민들이 시리자를 선택한 것도 아마 같은 이유에서였을 것이다. 시민들은 시리자가 일방적인 명령을 일삼는 전문가 집단이 아니라, 시민의 견해를 따르는 정의로운 정치 세력이라고 보았기 때문에 지지했다. 시리자는 과연 그리스의 국난을 무사히 극복할 수 있을지, 많은 사람들이 귀추를 궁금하게 여겼다.

치프라스의 배신

몇 달 동안 갈팡질팡한 끝에 치프라스 총리는 유럽연합의 압력에 완전히 굴복하였다. 2015년 6월 27일, 그리스 정부는 국제 채권단이 제안한 협상안을 받아들일지 말지를 국민투표에 부쳤다. 치프라스는 시민들에게 협상안의 거부를 호소했다. 이에 호응해 같은 해 7월 6일, 그리스 시민들의 61.3퍼센트가 협상안에 대해 반대표를 던졌다. 그러고는 기상천외의 반전이 일어났다. 치프라스 총리는 시민들의 압도적인 견해를 묵살하고 유럽연합의 요구에 무조건 항복하였다. 어떻게 이런 일이 일어났을까?

그 당시 여론조사 결과가 흥미로웠다. 그리스 시민의 85퍼센트는 유로존에 남기를 강력히 희망했다. 치프라스의 해석에 따르면, 시민들은 자국이 유럽연합의 일원으로 남아 있으면서, 국가채무도 감면받고 경제부흥계획도 세우기를 바란다고 보았다. 이러한 주장을 명분 삼아, 치프라스는 하루아침에 시리자의 강경투쟁 노선을 포기했다.

시리자 내부로부터 비판이 쏟아졌다. 재무장관 바루파키스가 이끄는 당내 좌파는 분노했다. 바루파키스는 곧바로 장관직을 사임했다. 곤경에 처한 치프라스는 집권하기 전만 해도 "부패집단"이라며 강하게 비판하던 보수당의 도움을 받아 가까스로 정권을 유지하는 형편이 되었다.

메르켈 총리와 쇼이블레 재무장관으로 대표되는 독일 정

부는 치프라스 정권의 약점을 철저히 악용했다. 그리스가 어떠한 경우에도 유로존에 남기를 강력히 희망하고 있다는 사실을 확인한 이상, 독일은 그리스에게 전혀 양보할 필요가 없다고 판단했다. 그들은 유럽연합의 이름으로 그리스에 대한 재정지원을 계속하되, 치프라스에게서 최대한의 양보를 얻어낸다는 방침을 세웠다.

2015년 7월, 그리스는 유럽연합의 명령에 따라 모든 은행을 폐쇄하고 시민 1인당 하루에 20유로의 현금 인출만을 허용하였다. 그리스 시민들은 일주일 동안 그런 고통에 시달렸다. 독일을 비롯한 유럽의 채권국가들은 그리스가 트로이카, 정확히 말하면 독일은행자본의 요구에 완전히 굴복할 때까지 고통을 강요하였다.

정의의 외침은 미약하기만

그때 프랑스 정부는 유럽연합을 좌우하는 독일의 전횡을 차단하고자 노력했다. 그것이 프랑스의 국익이기도 하였다. 그러나 경제대국 독일을 상대하기에는 프랑스의 힘이 부족하였다. 올랑드 프랑스 대통령은 그리스의 입장을 이해하

고 편드는 것 같아 보였으나, 아무런 실제적 도움도 주지 못
했다.

독일의 야당인 녹색당과 좌파연합은 독일 정부의 가혹한
처사를 강력히 비판했다. "그리스 시민에 대한 약탈적이고
파괴적인 행위를 독일 정부는 즉각 중지하고, 건설적인 역
할을 하라!" 허나 이 또한 명분론에 그쳤다. 사회적 약자의
편임을 자처하는 사민당마저 기민당과 대연정인 상태라, 메
르켈 정부를 견제하는 데 역부족이었다. 사회당 일각에서는
독일 측이 그리스 시민을 궁지로 몰아가는 것은 가혹하다는
비판이 나오는 듯하였으나, 체면치레에 불과하였다.

독일 정부의 시녀들은 곳곳에 있었다. 독일의 직접적인
영향력 아래 놓인 구 동구권 지역들과 인접국인 네덜란드와
오스트리아도 사사건건 독일의 조치를 지지했다. 그들은 그
리스 정부가 제출한 재정개혁안의 흠을 잡으며, 더욱 강도
높게 연금제도와 세제를 개혁하라고 주문했다. 아울러 국유
재산인 그리스의 공항 및 항만도 국제자본에게 매각하라고
요구했다. 오늘날까지도 독일의 몇몇 은행을 비롯한 초국적
자본은 그리스의 주요 시설들을 헐값에 불하받고자 애쓰는
모습이다.

식자들은 2015년 6월 하순, 국민투표 직후 치프라스 총리

가 '디폴트'(국가부도)를 선언했어야 옳다고 주장했다. 그리스는 유럽연합의 약탈적 성격을 온 세계에 폭로하고 홀로 서기를 꾀했어야 한다는 것이다. 일찍이 바루파키스가 재무장관 시절에 주장하였듯 그리스 시민뿐만 아니라 억압받는 지구상의 모든 시민들이 허울뿐인 현재의 세계체제를 부정하고, 그 그늘에서 벗어나기를 선언하면 과연 어떻게 될까?

한때 용감하였던 치프라스 총리의 급작스런 변신에 대해 국제사회에서는 한동안 비판이 쏟아졌다. 권력욕 때문에 그는 강대국들의 포로가 되고 말았다는 견해가 압도적이었다. 평범한 시민의 아들로 태어나서 '좌파 선동정치가'의 표본이 되었던 치프라스는 정치적 신념보다 이익을 선택하였다. 반면에, 재벌가의 후예인 바루파키스는 자본의 속셈을 꿰뚫어 보고, 그에 굴복하기를 거부하였다. 그리스의 상황은 역설적이다.

세상일은 알쏭달쏭하기만 하다. 지식인들의 평가와는 달리, 치프라스 총리에 대한 그리스 시민들의 신뢰도는 여전히 높았다. 그가 시민과의 약속을 저버린 지 두 달 후, 즉 2015년 8월 현재까지도 그의 지지율은 60퍼센트를 넘었다. 그리스 시민들은 치프라스 총리가 유럽연합을 상대로 혈투를 벌인 끝에 어쩔 수 없이 항복했다고 판단하는 모양이었다. 2015년 9월, 치프라스는 자신의 '배신'을 탓하는 당내 좌파와 결별하고, 당내 잔류파를 결집해 재선거를 치렀고, 다시 집권에 성공하였다.

하지만 그리스 정부의 앞날은 여전히 어둡기만 하다. 집권여당 시리자는 본래의 집권 명분인 '대국민공약'을 하나도 지키지 못하였다. 트로이카의 긴축정책은 도리어 이전보다 강화되었고, 그리스의 국가채무가 감면될 전망도 완전히 사라졌다. 게다가 집권 초기의 기대와는 달리 약자를 보호할 사회안전망은 점차 약화되었다. 그리스의 재정위기는 해결되지 못한 채 원점을 맴돌고 있다. 세계의 주요 언론에는 그리스의 디폴트 선언이 금년 중에 나올 것이라는 예측이 봇물을 이루고 있다.(2017년 2월 11일 현재) 그리스 사태의 진실을 캐면 캘수록, 현대국가의 운명은 초국적 자본의 힘에 떠밀려 벼랑 끝까지 와 있는 것이 아닐까 하는 걱정만 더욱 깊어진다.

'브렉시트'를 보는
역사의 눈

장기침체의 늪에 빠져 실업과 빈곤으로 고통받는
시민들이 늘어만 가는 오늘의 현실은, 세계사적인 맥락에서
보더라도 심각한 문제이다. 자본주의 체제 아래
생태 파괴의 위험을 무릅쓰고 지속적으로 벌여온
산업화와 자유무역의 결말이 과연 이렇게 초라한 것인가?

2010년대 초반에는 그리스의 유럽연합 이탈 곧 '그렉시트'Grexit를 염려하는 사람들이 많았다. 정작 문제가 일어난 나라는 영국이었다. 유럽의 강대국인 영국이 유럽연합을 떠나기로 결정한 것이다. 미증유의 사태를 맞아 유럽연합의 미래는 더욱 불투명해졌고, 1945년 이후에 마련된 세계질서도 수명을 다한 것이 아닌가 하는 우려의 목소리가 커지고 있다. 이 문제는 어디서 비롯되었는가? 세계 역사에는 장차 어떠한 영향을 미치게 될 것인가? 역사적 성찰이 필요한 시점이다.*

'숨은 그림 찾기'의 시작

2016년 6월 23일(현지 시간), 영국 유권자들은 '브렉시트'

---

* 이 글은 『녹색평론』 통권 150호(2016년 9-10월)에 실린 나의 글, 「브렉시트의 사회·역사적 배경」(81~94쪽)을 약간 손질한 것이다.

Brexit에 대한 찬반투표를 하였다. 세계 주요 여론은 반대표가 더 많이 나올 것으로 낙관하였으나, 개표 결과는 예상을 뒤엎었다. 근소한 차이로 '브렉시트', 즉 영국의 유럽연합 탈퇴가 결정되었다.(찬성표 51.9퍼센트) 미증유의 사태요, 유럽 역사에 획을 긋는 일대사건이었다.

영국 시민들은 왜 유럽연합을 탈퇴하려 했는가? 사태의 이면에는 복잡한 역사적 배경이 숨어 있었다. 그것은 다음의 세 가지로 설명될 수 있다.

첫째, 영국인들의 독특한 역사적 경험이 크게 작용하였다. 영국의 정치문화는 독일을 비롯한 대륙 국가들과는 여러모로 달랐다. 또 20세기 초까지만 해도 영국은 세계 최강이었다. 자연히 영국 시민의 자의식에는 특별한 점이 있다. 그것이 영국과 유럽연합의 관계를 어렵게 만들었다.

둘째, 이번 사태는 영국 사회에 누적된 정치사회적 문제가 폭발한 것이기도 하다. 많은 영국 시민들은 유럽연합 때문에 '폴란드 이민자'의 문제가 발생했다고 말한다. 이것은 물론 단편적이고 피상적인 견해이다. 영국 사회는 양극화로 인해 분열되었는데, 이런 사회적 혼란을 틈타 극우파 정객들이 원인을 외부로 돌리며 활개를 쳤다. 이것은 물론 영국에 국한된 문제가 아니다.

셋째, '브렉시트'는 유럽연합의 위기를 투영한다. '신자유주의'의 범람이 사태의 본질이었다. 그로 인해 유럽연합은 본래의 목표와 이상으로부터 멀어졌다. 알다시피 유럽연합은, 양차 세계대전의 교훈을 바탕으로 유럽에 평화와 번영을 보장하기 위해 만든 초국가 기구였다. 그런데 1980년대 이후, 초국가적 거대기업의 팽창을 당연시하는 신자유주의가 만연하자 유럽연합도 그 물결에 편승했다. 그리하여 국가, 지역 및 계층 간에 부의 편중이 심화되었다. 유럽연합의 이상은 사라지고 약육강식이 판치게 되었다.

현재 유럽연합에서 탈퇴를 결정한 나라는 영국뿐이다. 그러나 유럽연합이 대대적인 궤도수정을 하지 않는다면, 유럽연합의 미래는 더욱 어두워질 것이다. 이탈리아, 스페인, 포르투갈, 프랑스, 그리스가 줄줄이 탈퇴할 가능성이 있다.

이제부터는 위에서 말한 세 가지 점을 차례로 검토할 것이다. 허나 우선은 그에 앞서 영국과 유럽연합의 순탄치 않았던 과거를 간단히 되짚어볼 필요가 있다. 일대파국이 오기 전에 크고 작은 충돌이 있었다는 점을 상기하려는 것이다. 역사의 긴 흐름에서 볼 때, '브렉시트'는 두 진영이 함께 넘어갈 또 하나의 산이다.

영국과 유럽연합의 끝없는 줄다리기

2013년 1월, 영국 보수당의 데이비드 캐머런 총리는 '브렉시트'에 관한 국민투표 가능성을 언급했다. 2년 뒤 캐머런은 총선에서 과반수 의석을 확보했고, 그러자 국민투표 일정을 구체화했다. 2016년 6월 23일, 마침내 영국의 모든 유권자들, 즉 잉글랜드, 스코틀랜드, 웨일스, 북아일랜드 및 영연방, 지브롤터 및 아일랜드 공화국 출신으로서 영국에 거주하고 있는 모든 시민들이 투표장을 향했다.

국민투표에 앞서 캐머런 총리는 유럽연합과 영국의 관계를 재설정했다. 그런 다음, 국민투표를 통해, 영국이 불변의 유럽연합 회원국임을 확인하려고 했다. 이미 오래전부터 영국에서는 유럽연합에서 탈퇴하자는 주장이 있었다. 특히 보수당 내에 그런 목소리가 컸다. 캐머런은 이러한 국내 사정을 지렛대 삼아, 유럽연합으로부터 더 많은 양보를 얻어내고자 했다.

유럽연합의 입장에서 볼 때 영국은 항상 어려운 협상 대상이었다. 지난 40년 동안 영국은 유럽연합으로부터 많은 양보를 얻었다. 유럽연합의 시원은 1949년의 유럽의회EP 창설로 소급된다. 이후 우여곡절을 거친 끝에 그들은 '유로'라는 단일통화 체제를 도입해, 하나의 광역 단일시장체제를 완성했다.(1999) 영국은 1973년 회원국이 된 이래 유럽연합의 시장개방을 선도하였다. 그 과정에서 영국은 자국의 이익을 보호하기 위해 여러 차례 특례조치를 요구하였다.

첫째, 영국은 유럽연합에 납부하는 자국의 재정분담금의 상당 부분을 사실상 면제받았다. 공업국가인 영국은 다른 회원국에 비해 농업의 비중이 낮은 편이었다. 따라서 유럽연합이 회원국에 제공하는 농업보조금의 혜택을 별로 누리지 못하였다. 1984년 마가레트 대처 총리는, "나는 내 돈을 돌려받고 싶다"고 외치며, 자국의 분담금을 반환하라고 주장했다. 영국의 끈질긴 저항 앞에 유럽연합이 두 손을 들었다. 영국은 분담금의 66퍼센트를 면제받게 되었다. 이는 결국 하나의 관례로 정착되었다. 영국의 몫까지 떠안아야 하는 다른 회원국들은 불만을 토로했지만, 달라진 것은 없었다.

둘째, '셍겐Schengen 협정'도 영국에는 적용되지 않았다. 유럽연합은 룩셈부르크의 셍겐에서 국경관리에 관한 다자간 협정을 체결해, 회원국 시민들의 자유로운 인적 왕래를 인정하였다.(1985) 1997년에는 협정 내용을 유럽연합의 15개국 정상들이 암스테르담 회의에서 재차 확약했다. 이로써 유럽 통합의 토대가 마련되었다. 그러나 영국은 이를 반대해, 예외적인 지위를 인정받았다. 유럽대륙에서는 회원국 시민들이 자유롭게 왕래할 수 있지만, 영국에 입국할 경우는 입국심사를 받게 된 것이다.

셋째, 유럽연합의 단일화폐인 유로의 통용에 관하여도 영국은 예외적인 지위를 얻었다. 유로는 1999년 1월 4일부터 거래되었고, 2002년부터는 회원국들이 모두 유로화를 공식 통화로 사용하게 되었다. 1999년부터 가상 거래만 허용되다가 2002년부터 실물 지폐와 동전이 발행되어 실물 화폐로 거래되기 시작하였다. 현재는 19개 회원국이 이른바 '유로존'을 형성하여 시장단일화를 구현하였다. 그러나 영국은 자국의 통화인 '파운드'화의 사용을 고집하며, 끝내 역외에 머물렀다.

넷째, 영국은 유럽연합이 정한 여러 가지 정책을 거부하였다. 유럽연합은 회원국들이 준수해야 할 경제 거버넌스, 경쟁력, 주권 및 이민문제 등에 관한 세부절차를 결정하였다. 그러나 영국은 이를 거부하고 독자적인 정책을 선택하였다.

이처럼 영국은 유럽연합의 정책을 노골적으로 반대하며 독자행보를 하였다. 양자 간에 의견이 대립할 때마다 새로운 협상이 따랐다. 그때마다 영국 여론은 유럽연합 무용론

쪽으로 기울었다. 그런데 유럽의 통합과 발전을 위해서는 영국의 협력이 절대적이었다. 영국은 독일 및 프랑스와 더불어 유럽의 강대국이기 때문이다. 누구도 영국의 강한 의지를 꺾지 못하였다.

바로 그러한 역사적 맥락에서 2016년 초, 캐머런은 유럽연합에 새로운 요구사항을 꺼내놓았다. 유럽의 다수 매체들은 영국의 "공공연한 협박"이 또 시작되었다고 비판하였다. 그러나 영국의 입장은 단호했다. "모든 회원국을 상대로 한 일률적인 조치를 영국은 거부한다. 나라마다 사정은 다른 법이다."(캐머런) 국민투표에 앞서 캐머런은, '유럽연합 상임의장' 도널드 투스크를 강하게 압박하였다. 표면상으로 영국은 유럽연합의 개혁을 주장하였지만, 실제로는 자국의 지위를 더욱 향상하기 위해 재협상에 돌입한 것이었다.

캐머런은 유럽연합이 정한 규제의 장벽으로부터 기업가들을 보호하라고 요구했다. 그러면서 그는 영국이 다른 회원국 출신의 시민들에게 최장 7년 동안 아무런 복지 혜택도 주지 않을 것이라고 못 박았다. 또한 영국은 유럽연합이 정한 무슨 정책이든 이를 거부할 권리가 있다고 주장했다. 요컨대 캐머런은 "갈수록 더욱 밀접해지는 연합"을 추구하는 유럽연합의 현재 노선을 거부하고, 그로부터 더욱 멀리 벗어나고자 하는 의지를 천명하였다.

영국은 거센 저항과 끈질긴 요구를 통해 늘 유럽연합의 양해를 얻었다. 캐머런은 그런 역사를 너무나 잘 알고 있었다. 20세기 초부터 영국은 한 발을 미국 쪽에, 또 다른 발을 유럽에 담그고 있다. 이른바 '양다리 외교'를 펴면서, 영국은 자국에 유리한 협상을 체결해 왔다.

갈등의 골은 깊어도 영국은 여태껏 유럽연합을 떠나지 못했다. 이유가 무엇일까. 케네스 클라크(영국의 전 재무장관)의 발언에 그 답이 있다. "오늘날의 세계는 갈수록 복잡해져, 각 나라는 어느 때보다 상호 의존적이 되었다. 영국은 유럽연합에 속함으로써, 더욱 현대적이고 성공적인 국가가 될 수 있다." 그러므로 현재 상황에서는 영국이 유럽연합에 속함으로써 자국의 발언권을 세계무대에서 더욱 강화할 수 있다는 것이다. 유럽연합의 틀 안에서 영국은 더 큰 경제적 이익을 얻을 수 있다는 말이다. 이것은 캐머런의 신념이기도 하였다.

그런데 2016년의 국민투표를 통해 영국과 유럽연합의 결별이 목전의 일로 다가왔다. 그래도 양자의 관계가 이미 끝난 것은 아니다. 어쩌면 과거의 여러 협상보다 몇 배 더 치열한 줄다리기가 그들을 기다리고 있는지도 모른다.

영국 역사에 '브렉시트'의 이유가 있어

'브렉시트'가 결정되자 많은 사람들이 이의를 제기했다. "수백만 영국 시민들은 내용도 모르고 투표장에 나갔다." "선동가들에게 속고 말았다." "탈퇴파 정치가들에게는 아무런 대안도 없다." "최소 300만의 유권자들이 국민투표의 재실시를 요구한다." "의회가 투표 결과를 무시해도 합헌이다." 모두 일리가 있어 보이는 말이다.

그러나 사태를 좀 냉정하게 분석할 필요가 있다. 국민투표 직전, 캐머런 총리가 이끄는 보수당 의원의 무려 3분의 1(약 100명)이 탈퇴파로 분류되었다. 그들의 공통된 주장은 무엇이었을까. "우리는 영국의 자치권을 회복하고 싶다."(존 레드우드 의원) 많은 영국 시민들도 그런 견해에 동의하였다. 사태의 본질을 이해하는 데 매우 중요한 지점이다.

극우파 '영국독립당'은 그 점을 보다 노골적으로 언명했다. "독립된 영국은 유럽연합의 관료제에서 벗어나 누구의 통제도 받지 않을 것이다. 독립국가 영국이 앞으로 체결할 무역협상은 국익을 극대화할 것이다." 물론 이러한 주장은 다분히 왜곡되었고 선동적이기도 하다. 하지만 다수의 영국 시민들이 유럽연합을 '외부의 억압자'로 인식하였다는 사실은 부정하기 어렵다.

영국 시민들은 왜 유럽연합 체제에 강한 거부감을 느꼈는가. 유럽연합은 느슨한 연방제를 채택했으나, 실제로는 막강한 중앙집권적 기구이다. 그 체제 아래서 영국은 하나의 독립된 주권국가라기보다는 미합중국에 속한 일개 주와도 같은 존재였다. 자부심이 강한 영국인들로서는 수치스런 일이었다.

더욱 큰 문제는 유럽연합의 운영방식을 둘러싼 갈등이다. 유럽연합은 독일 및 프랑스의 정치문화를 계승한 것이다. 바로 그 점이 영국 시민들의 반감을 키웠다. 알다시피 절대왕정시기 유럽대륙의 군주들은 칙령을 통해 신민을 지배했다. 군주의 칙령은 절대적이었고, 의회가 감히 왈가왈부할 권리가 없었다. 그러나 영국에서는 군주의 칙령이 아니라, 의회가 정치를 좌우했다.

영국 민주주의의 특징은, 19세기 영국의 헌법학자 앨버트 다이시가 요약한 바와 같다. 즉, 의회가 군주의 전제권력을 제한하는 것이다. 영국에서는 행정부와 시민들 사이에 분쟁이 일어나면, 일반법정이 해결한다. 법원은 관습법common law의 전통을 중시한다. 그들은 자연법과 공정한 절차라는 두 가지 원리를 바탕으로 모든 문제를 처리한다. 이러한 영국

사회에서는 행정부가 법률을 임의로 해석할 권리가 없다. 이것이 영국 민주주의이다.

유럽연합은 어떻게 운영되는가. 관료기구들이 필요한 행정명령을 결정해 회원국에게 지침으로 시달하는 방식이다. 영국인들에게 그것은 절대왕정 시대의 유령이 아직도 살아 움직이는 것 같은 착각을 불러일으킨다. 더구나 초국가적 행정기구인 유럽연합의 각종 조치들에 관하여 영국 법원은 적부를 심판할 권리가 없다. '유럽위원회'EC와 '유럽연합 상임대표위원회'COREPER 같은 행정기구들은 의회의 통제와 간섭 밖에 있다. 이런 현실 앞에서 영국 시민의 좌절감은 더욱 커진다. 그리하여 대다수 영국 시민들은 유럽연합을 비민주적인 기관이라고 생각한다.

영국과 유럽연합의 갈등을 더욱 복잡하게 만드는 또 다른 요인이 있다. "유럽연합을 벗어나 영국은 세계무대에서 독자적인 역할을 하고 싶다."(존 레드우드 의원) 영국 시민들이 대체로 공감하는 견해이다. 이 또한 영국의 역사적 경험에서 우러난 것이다.

18~20세기의 영국은 '해가 지지 않는 나라'였다. 그때 영국은 세계 최강의 국가였다. 헬포드 존 맥킨더의 지정학 이론에 명시되어 있듯, 누구도 감히 영국의 이익에 간섭할 수

없었다. 바다 건너 영국을 지배하려는 시도는 물론, 아시아를 포함한 해외에서도 영국의 이익을 침해하는 행위는 절대 용납될 수 없다고 했다. 오랫동안 영국의 지배층은 이런 방침을 당연한 것으로 여겼다.

영국 지배층은 런던 금융가를 주도하는 금융전문가 집단과 국제무역에 종사하는 상인 및 기업가들로 구성되었다. 그들의 후예를 자처하는 영국 시민들은 세계 지배의 추억을 간직하고 있다. 때문에 그들은 영국이 핀란드나 헝가리 등 일반회원국들과 동렬에 선 채 유럽연합의 지시를 따를 수는 없다고 믿는다. 제2차 세계대전이 끝난 지 어언 70년도 넘은 오늘날까지도 영국인의 역사적 자의식은 별로 변하지 않았다.

그런 점에서 독일의 재도약은 영국 시민들이 받아들이기 어려운 난제이다. 영국은 독일과 양차대전을 치렀다. 그 전쟁으로 찬란했던 영국의 위상이 무너지고 말았다. 막대한 전쟁피해 때문에 영국은 미국의 재정적 도움에 매달렸다. 영국은 영연방 체제를 통해 과거의 영광을 되살리고 싶었지만 불가능한 일이었다. 실용을 추구하는 영국은 미국의 세계 지배에 동참하는 것이 그나마 최선이라고 판단했다. 그런데 바로 그 독일이 전쟁의 폐허를 딛고 일어나 재통일의 위업을 달성했다. 이제 독일은 거침없이 유럽연합을 주도한다. 영국으로서는 유감천만인 새로운 상황이다.

10여 년 동안 독일은 '유로존'을 리드했다. 유럽연합의 관료기구들은 사실상 독일의 수중에 있다. 최근 독일의 재무장관 쇼이블레는 산하 기관들을 조종해, 런던 금융가의 자율권을 위협했다. 제7강에서 살핀 그리스의 경우를 통해 확인한 것처럼, 오늘날 유럽연합을 호령하는 목소리는 독일 정부에게서 나온다. 100년 넘게 자치권을 행사해 온 영국의 금융 엘리트들이, 이제부터는 독일 정부의 지시를 받는 처지가 될 수도 있다.

'브렉시트'에 찬성하는 영국 시민들의 목소리에는 좌절과 분노를 넘어 절박함이 배어 있다. "유럽연합은 영국의 자유권을 제한하였다. 브뤼셀의 유럽연합 측 관료들이 우리더러 이래라 저래라 명령하는 것을 우리는 더 이상 참을 수 없다." "영국에 관한 결정은 영국인 스스로 내려야 한다." 위에서 보았듯, '브렉시트'에는 영국의 고유한 정치적 전통이 한몫을 했다. 또, 장기간에 형성된 영국 시민의 자의식, 경쟁국가 독일에 대한 질투심도 상당한 영향을 미쳤다. 그 밖에 '신자유주의의 첨병'인 런던의 금융가와 상인 및 기업가들 중에도 '브렉시트'를 지지하는 사람들이 적지 않다는 것은 새로운 발견이다. 이처럼 '브렉시트'의 이면은 중층적이고 복잡하다.

'브렉시트'로 사회모순을 가릴 수 있나

영국의 극우파 정치가들은 제법 그럴듯한 말로 시민들을 선동했다. "영국은 매주 3,500만 파운드의 재정분담금을 유럽연합에 납부한다. 이 돈을 영국 사회를 위해 사용하자. 구멍 뚫린 영국의 보건시스템이 재건될 수 있다. 국경을 효과적으로 통제해, 영국을 망치는 이주행렬도 막을 수 있다."

영국의 실질적 재정분담금은 명목금액의 30퍼센트를 조금 웃돈다. 우파 정객들의 주장은 그야말로 선동적인 구호이다. 하지만 그들의 말에도 주목할 점이 있다. 영국의 사회적 현안이 드러나 있어서다. 건강보험을 비롯한 복지예산이 충분하지 못하다는 점이 주목된다. 영국의 실업률은 5퍼센트(2016)로 비교적 낮은 편이다. 그러나 저출산과 노령화로 말미암아 복지제도의 운영에 영국 사회는 어려움을 느낀다.

보다 더 심각한 현안은 매년 동구권으로부터 쇄도하는

이주자 문제다. 전문가들의 분석에 따르면, 1,740만에 달하는 '브렉시트' 찬성표는 이민자의 행렬을 멈추게 하려는 의도에서 비롯된 것이 대부분이라고 했다. 유권자 12,369명을 심층 분석한 또 다른 연구조사를 보면, 찬성표의 3분의 1이 대량 이민을 막기 위한 것이었다. 그들은 '브렉시트'를 통해 영국이 자국의 이민을 독자적으로 통제하고, 국경을 보다 안전하게 지킬 수 있을 것으로 전망했다.

'이민자통계기구'Migration Watch의 조사 결과도 그와 비슷하다. 영국 시민의 대다수는 '브렉시트'로 인해 이민자 감소효과가 연간 10만 명 이상으로 나타날 것으로 예상했다. 피조사자의 2퍼센트만이 유럽연합의 틀 안에서 이민자 수를 감소시킬 수 있다고 보았다. 요컨대 영국 시민의 대다수는 유럽연합 때문에 이민자 수가 늘었고, 이것이 영국의 사회문제를 낳았다고 간주한다.

그런 점에서 마이클 고브(전 영국 법무장관)의 견해는 극히 예외적이다. 그는 '브렉시트'를 단행할 경우, 이민자가 도리어 증가할 것으로 예상했다. 유럽연합은 회원국 간의 자유로운 이동은 보장하지만 여타 지역에서 인구가 유입되지 못하게 막는 데 힘썼다. '유럽우선주의'를 지향한 셈이다. 이제 만일 영국이 유럽연합을 탈퇴한다면, 유럽 바깥에서 쏟아져 들어오는 이민자의 물결을 과연 효과적으로 통제할 수 있을까. 고브는 그 점을 염려한다. 한편, 영국독립당의 나이젤 패라지 당수는 이민자 문제의 해결을 위해서 '브렉시트'가 필수적이라고 누차 강조했지만, 정작 그 효과에 대해서는 구체적인 수치를 제시하지 못했다.

근년에 유럽연합은 난민의 홍수를 겪고 있다. 중동과 북아프리카로부터 밀려오는 난민 행렬이 과연 언제쯤 멈출지 가늠하기 어렵다. 독일은 2015년 한 해에만 110만 명 이상의 난민을 수용했다. 그로 인해 독일 사회가 마비될 지경이었다. 그런데 영국이 수용한 난민은 독일의 5분의 1에도 못 미쳤다. 그럼에도 불구하고, 영국 시민들은 난민과 이민자 문제를 가장 심각한 현안이라 여긴다.

언어 및 생활관습의 차이로 영국은 이민자들의 사회적 통합에 애로를 겪는다. 이민자들의 저임금 노동 때문에 시민들의 일자리가 위협받고 있다는 주장도 무성하다. 가장 큰 논란은 이민자들이 영국의 복지혜택에 편승해 무위도식하고 있다는 폭로성 비난에서 비롯된다. 캐머런 총리는 이러한 여론을 의식해, 앞으로 이주의 자유가 남용되는 일은 없다고 여러 차례 약속했다. 또, 이민자들에게는 상당 기간 동안 노동복지 및 주거복지의 혜택을 제공하지 않을 방침이라고 밝혔다.

그런데 영국의 현실은 그보다 훨씬 복잡하다. 영국이 폴란드를 비롯해, 리투아니아, 헝가리의 시민을 저임금의 단기노동자 또는 계절노동자로 받아들이는 것은 불가피한 일이다. 우리나라도 이미 그런 상태지만, 영국 시민들 역시 미래가 없는 저임금 일터를 회피하는 경향이 일반적이다. 구동구권 출신의 이민자들은 그러한 노동 사각지대에 투입되어, 열악한 조건 아래 노동력을 제공한다. 그들의 값싼 노동력이 없으면, 영국 사회는 제대로 작동하지 못한다. 그럼에도 불구하고, 그들에게는 세금과 보험료 등의 의무만 있지 복지혜택이 사실상 전혀 제공되지 않는다.

식자층은 이런 실정을 잘 알고 있다. 그러면서도 영국 사회의 본질적인 문제를 덮기 위해, 이민자들에 대한 시민들의 오해와 적대감을 오히려 정치적으로 이용한다. 사회문제의 본질은 양극화에 있다. 99대 1퍼센트의 세상이 문제이다. 그러나 이 문제를 기성의 정치제도로는 해결할 전망이 없기 때문에, 사회적 갈등의 책임을 이민자들에게 들씌우는 데 다수가 동의하고 있다. 사태의 명백한 왜곡이다.

극우파는 이런 분위기에 편승해 세력을 키웠다. 상당수 기업가와 금융 엘리트마저 우경화에 일조했다. 좋게 말해,

그들은 국가권력을 통해서 국제 금융자본의 횡포를 막으려는 것이다. 비판적인 시각에서 보면 이야기는 달라진다. 결코 이길 수 없는 국제경쟁의 늪에서 벗어나기 위해 영국 시민들은 국가주의의 환상에 호소하는 셈이다. 이런 상황이 결국에는 '브렉시트'를 낳았다.

유럽연합의 장래는 불투명해

영국 시민들은 유럽연합이 자국의 경제를 침체의 늪에 빠뜨렸다고 믿고 있다. 사실관계가 분명히 입증되지 못한 주장임에도, 많은 사람들이 고개를 끄덕인다. 틀린 말도 아니다. 유럽연합 체제를 통해서 큰 이익을 본 나라는 독일을 비롯한 극소수뿐이다. 대부분의 회원국들, 특히 남유럽의 회원국들은 엄청난 고통을 받고 있다. 그들의 국가채무가 눈덩이처럼 불어나는 가운데 유럽연합은, 수년째 강도 높은 긴축재정을 주문하고 있다. 덕분에 초국가적 금융기관은 이득을 보지만, 시민들의 생계는 아슬아슬하다.

유럽연합의 회원국들은 대부분 심각한 위기를 겪고 있다. 치솟는 국가부채, 높은 청년실업률, 저출산과 고령화 문제,

유로화의 환율불안, 연금의 고갈, 복지재정의 궁핍화는 이미 회원국의 고질적인 문제이다. 그러나 이런 문제들을 해결할 방법은 어디에도 없다. 설상가상으로, 유럽연합의 목적을 둘러싸고 회원국 간에 다툼이 이어지는 가운데, 회원국과 유럽연합의 집행기관들도 구조적인 갈등에 시달린다. 이것이 유럽연합의 현주소이다.

이런 상황이라서 유럽연합이란 배는 이미 침몰 중이라는 관측이 등장했다. 살아남으려면 이 배를 먼저 탈출해야 한다는 주장도 없지 않았다. 이처럼 심상치 않은 분위기 속에서 캐머런은 '브렉시트' 카드를 꺼냈다. 독일은 이것이 유럽연합의 앞날에 치명타가 될 수 있다고 판단해, 캐머런의 제안을 처음부터 우려했다. 토마스 드 메지에르(현 내무부장관)는, 이 투표를 통해 '북대서양조약기구' 안에서 영국의 지위가 약화될 수 있다, 이는 조약기구에도 해롭다고 경고했다.(2013)

그러나 '브렉시트'로 선회한 영국 정치가들의 주장을 되돌릴 수가 없었다. "유럽연합은 영국이 공유할 수 없는 이상을 가지고 있다."(보리스 존슨, 현 영국 외무부장관) 존슨 등은 초국가적 지배기관으로 부상한 유럽연합을 탈출하기로 결심하였다. 그들은 독일이 주도하는 유럽연합 체제에 상당한 불만을 품었다.

유럽연합의 본질을 더욱 날카롭게 비판한 것은 좌파 지식인들이었다. 오래전부터 그들은 유럽연합이 사실상 신자유주의의 감옥이라고 혹평했다. 현재 영국의 집권당인 보수당이든 야당인 노동당이든 신자유주의의 질서에 밀착한 기성세력일 따름이라고 말했다. 회원국의 모든 기성 정치세력은 유럽연합이라 불리는 초국가적인 집행기구의 말단 하부조직이라는 것이었다. '브렉시트'를 둘러싼 논쟁이 시종일관 경제적 이해관계에 국한된 사실을 보더라도, 좌파의 그러한 주장에는 일리가 있다.

허나 유럽연합에 잔류하기를 희망하는 영국 정치가들은, 당신의 연금을 지키려면 유럽연합에 남으라고 설득했다. 캐머런은 '브렉시트'가 결정되면, 유럽연합이 설정한 무역장벽 때문에 영국이 손해를 입을 거라고 걱정했다. 반면에 탈퇴를 지지하는 정치가들은, 이민자들이 당신의 임금삭감을 초래한다며 시민들의 불안심리를 키웠다. 양편 모두 유럽연합의 근본문제를 해결하는 데는 관심이 거의 없었다.

『뉴욕타임스』는 영국의 국민투표 결과를 심층 보도했다. 그러면서 제2차 세계대전 이후 미국이 이룩한 세계의 금융 및 정치구조가 위기를 맞았다고 주장했다. 서구의 민주주의, 재정기관, 자유무역, 이민정책 및 각국의 동맹이 상당한 도전에 직면했다고도 말했다. 미국 언론은 영국의 극우파가 유럽연합과 같은 초국가적 조직을 붕괴시킬 수도 있다며 우려를 표했다. 앞으로 영국은 국제무대에서 영향력이 축소되고, 경제성장률도 낮아질 것이며, 이번 일로 스코틀랜드의 독립이 실현될 경우에는 정말 엄청난 대가를 치르게 된다며 사태를 비관했다. 이렇듯, 미국 사회의 주류는 '브렉시트'가 미국 중심의 세계체제에 균열을 초래할까 봐 조바심을 낸다.

영국의 유럽연합 탈퇴로 유럽의 위기는 한층 심화될 것이다. 영국과 같은 강대국이 빠져나가면, 러시아, 우크라이나, 시리아, 중국 등과 인권 및 교역에 관한 협상을 체결할 때 유럽연합의 입지는 약해질 것이다. 또 그리스처럼 재정상태가 열악한 회원국에게 대규모 금융구제를 해야 할 경우에도 어려움이 가중될 것이다. 바로 그런 점을 염려해서, 국제금융자본은 영국을 유럽연합에 잔류시키고자 많은 노력을 기울였던 것이다.

현재 유럽연합의 실질적인 사령탑은 독일의 메르켈 총리다. 그는 유럽연합은 영국의 탈퇴를 감당할 만한 충분한 능력이 있다고 단언했다. 또 그는 "가족의 품을 떠나는 사람(즉 영국)이 의무에서는 해방되지만, 특권은 그대로 유지할 수는 없는 일"이라며 영국에 일침을 놓았다.

그러나 독일이 과연 '브렉시트' 문제를 원만하게 풀 수 있을까. 이번 사태로 표면화된 유럽연합의 위기는 다른 회원국으로 퍼져나갈 수 있다. 만일 메르켈이 '브렉시트'를 처리하는 과정에서 독일의 역할이 지나치게 강조되면, 유럽연합의 갈등과 균열은 더욱 심해질 것이다. 유럽연합, 곧 신자유주의에 기초한 초국적 지배체제는 중대한 기로에 서 있다.

전망

2017년 1월 17일 현재, 세계 언론은 '하드 브렉시트'를 점친다. 국민투표 결과가 나온 직후의 예상과 달리, 영국은 유럽연합을 완전히 떠날 것이란 전망이다. 2월 초, 트럼프 신임 미국 대통령은 테레사 메이 영국 수상을 만난 자리에서 "브렉시트는 영국에게 많은 이익을 가져다줄 것"이라며 고무적인 발언을 쏟아 놓았다.

유럽연합의 양대 중추세력인 프랑스와 독일도 2017년 중에 정권교체가 일어날 가능성이 있다. 앞으로 수개월 이내

에 그들은 자국의 운명을 가늠할 대선 또는 총리선거를 앞
두고 있다. 만일 프랑스에서 극우파 정당이 집권하고 독일
에서 사회당 정권이 들어선다면, 앞으로 어떤 변화가 일어
날 것인가? 만일 그렇게 된다면 영국과 유럽연합의 결별은
전면적으로, 단시간 내에 이루어질 것이라는 전망이 우세
하다.

설사 독일과 프랑스의 정치적 안정이 유지된다 해도, 유
럽연합의 앞날은 전례 없이 불투명하다. 오늘날 미국과 유
럽의 경제정책은 완전히 상반된다. "미국 우선"을 부르짖으
며 보호무역을 주장하는 미국의 트럼프 행정부에 맞서 자유
무역을 고집하는 유럽연합이 과연 어떠한 타협점을 찾을 수
있을지는 예측조차 하기 어렵다. 일각에서는 경제이익을 우
선시하는 유럽연합이 미국을 멀리하고 중국과 밀접한 관계
를 맺을 것이라는 추측도 나온다. 강대국들의 관계가 복잡
미묘해질 가능성이 더욱 커졌다.

그 밖에도 문제가 산적해 있다. 앞에서도 설명했듯, 유럽
연합 내부에는 자국 중심주의가 거세게 일어나고 있다. 이
를 무마하기는 쉽지 않을 것인데, 더욱 심각한 문제는 독일
등 일부 회원국가가 유럽연합의 정책을 사실상 좌우하고 있
는 현실이다. 이대로 가면 제2, 제3의 브렉시트가 일어나지

말란 법이 없다. 유럽 땅에서 전쟁을 몰아내고 항구적인 평화와 안정의 기반을 구축하기 위해 시작된 역사적인 일대 과업이 결국 이런 식으로 몰락하고 마는가? 장기침체의 늪에 빠져 실업과 빈곤으로 고통받는 시민들이 늘어만 가는 오늘의 현실은, 세계사적인 맥락에서 보더라도 심각한 문제이다. 자본주의 체제 아래 생태 파괴의 위험을 무릅쓰고 지속적으로 벌여온 산업화와 자유무역의 결말이 과연 이렇게 초라한 것인가?

쉽게 풀리지 않을 의문이 적지 않지만, 우리는 이러한 역사적 난제들을 어떻게 해서든 해결해야 한다. 우리는 보다 평화롭고 건강한 사회를 위해 의미 있는 대안을 만들어야 할 운명이다. 아무래도 21세기는 일대 역사적 전환기인 것이 틀림없다.

제1강

김종철 외, 『다시, 민주주의를 말한다 — 시민을 위한 민주주의 특강』, 휴머니스트, 2010.

데이비드 로텐버그, 『생각하는 것이 왜 고통스러운가요? — 산 위 오두막의 생태철학자 아르네 네스와 20세기를 가로질러 나눈 대화』, 박준식 옮김, 낮은산, 2011.

머레이 북친, 『사회생태주의란 무엇인가』, 박홍규 옮김, 민음사, 1998.

반다나 시바, 마리아 미스, 『에코페미니즘』, 손덕수·이난아 옮김, 창비, 2000.

스테판 하딩, 『지구의 노래 — 생태주의 세계관이 찾은 새로운 과학 문명 패러다임』, 박혜숙 옮김, 현암사, 2011.

알랭 리피에츠, 『녹색 희망 — 아직도 생태주의자가 되길 주저하는 좌파 친구들에게』, 허남혁·박지현 옮김, 이후, 2002.

앙드레 고르, 『에콜로지카 — 정치적 생태주의, 붕괴 직전에 이른 자본주의의 출구를 찾아서』, 임희근·정혜용 옮김, 생각의나무, 2008.

이상헌, 『생태주의』, 책세상, 2011.

클라이브 폰팅, 『녹색세계사』, 이진아 옮김, 그물코, 2010.

하승우, 『시민에게 권력을 — 시민의 정치를 위한 안내서』, 한티재, 2017.

한면희, 『동아시아 문명과 한국의 생태주의』, 철학과현실사, 2009.

하워드 진, 『달리는 기차 위에 중립은 없다 — 하워드 진의 자전적 역사 에세이』, 유강은 옮김, 이후, 2016.

제2강

김기봉, 『히스토리아, 쿠오바디스 — 탈근대, 역사학은 어디로 가는가』, 서해문집, 2016.

웬델 베리, 『소농, 문명의 뿌리 — 미국의 뿌리는 어떻게 뽑혔는가』, 이승렬 옮김, 한티재, 2016.

윤해동, 『근대역사학의 황혼』, 책과함께, 2010.

정태헌, 『한국의 식민지적 근대 성찰 — 근대주의 비판과 평화공존의 역사학 모색』, 선인, 2007.

지그문트 바우만, 『왜 우리는 불평등을 감수하는가? — 가진 것마저 빼앗기는 나에게 던지는 질문』, 안규남 옮김, 동녘, 2013.

하승수, 『나는 국가로부터 배당받을 권리가 있다 — 생태적 전환과 해방을 위한 기본소득』, 한티재, 2015.

제3강

C. 더글러스 러미스, 『경제성장이 안되면 우리는 풍요롭지 못할 것인가』, 최성현·김종철 옮김, 녹색평론사, 2011.

김종철, 『발언 1 — 김종철 칼럼집』, 녹색평론사, 2016.

김한종, 『역사교과서 국정화, 왜 문제인가 — 교과서 국정화의 역사와 현 단계 쟁점 읽기』, 책과함께, 2015.

웬델 베리, 『삶은 기적이다 — 현대의 미신에 대한 반박』, 박경미 옮김, 녹색평론사, 2006.

제4강

『고종순종실록』, 탐구당, 1996.

『동경대전』, 최천식 옮김, 풀빛, 2010.

『동학농민사료총서』, 전30권, 경인문화사, 1996.

『용담유사』, 양윤석 엮음, 모시는 사람들, 2013.

박맹수, 『생명의 눈으로 보는 동학』, 모시는사람들, 2014.

박맹수, 나카츠카 아키라, 이노우에 가쓰오, 『동학농민전쟁과 일본』, 한혜인 옮김, 모시는사람들, 2014.

박형모 외, 『이야기 장흥동학농민혁명 ― 갑오년, 장흥 어느 무명 농민군의 기록』, 장흥동학농민혁명기념사업회, 2013.

백승종, 『한국사회사연구 ― 15~19세기 전라도 태인현 고현내면을 중심으로』, 일조각, 1996.

백승종, 『한국의 예언문화사』, 푸른역사, 2006.

오지영, 『동학사』, 박영사, 1990.

위의환, 『장흥동학농민혁명과 그 지도자들』, 장흥동학농민혁명기념사업회, 2013.

홍영기, 『대한제국기 호남의병 연구』, 일조각, 2004.

황현, 『매천야록』, 이장희 옮김, 명문당, 2008.

황현, 『오하기문』, 김종익 옮김, 역사비평사, 1994.

제5강

강상중·현무암, 『기시 노부스케와 박정희 ― 다카키 마사오, 박정희에게 만주국이란 무엇이었는가』, 이목 옮김, 책과함께, 2012.

김지하, 『오적(五賊)』, 한글판 영문판 합본, 김원중·James Han 옮김, 답게, 2001.

박섭 외, 『박정희의 맨얼굴 ― 8인의 학자, 박정희 경제 신화 화장을 지우다』, 시사IN북, 2011.

전인권, 『박정희 평전 ― 박정희의 정치사상과 행동에 관한 전기적 연구』, 이학사, 2006.

조세희, 『난장이가 쏘아올린 작은 공』, 이성과힘, 2000.

조희연, 『박정희와 개발독재시대 ― 5·16에서 10·26까지』, 역사비평사, 2007.

한홍구, 『유신 ― 오직 한 사람을 위한 시대』, 한겨레출판, 2014.

제6강

김익중,『한국 탈핵 — 대한민국 모든 시민들을 위한 탈핵 교과서』, 한티재, 2013.

김종철, 이이다 데쓰나리, 가마나카 히토미,『안젠데스가 안전합니까 — 원자력과 자연에너지와 우리들의 삶』, 송제훈 옮김, 서해문집, 2012.

녹색당·김종철·하승수·이보아,『녹색당 선언 — 탈핵부터 프레카리아트까지, 녹색당이 필요한 7가지 이유』, 이매진, 2012.

리오 휴버먼,『자본주의 역사 바로 알기』, 장상환 옮김, 책벌레, 2000.

모타니 고스케, NHK히로시마 취재팀,『숲에서 자본주의를 껴안다 — 산촌자본주의, 가능한 대안인가 유토피아인가?』, 김영주 옮김, 동아시아, 2015.

백승종,「백승종의 역설」,『한겨레』 2008년 10월 ~ 2013년 1월.

스베틀라나 알렉시예비치,『체르노빌의 목소리 — 미래의 연대기』, 김은혜 옮김, 새잎, 2011.

슬라보예 지젝,『멈춰라, 생각하라 — 지금 여기, 내용 없는 민주주의 실패한 자본주의』, 주성우 옮김, 와이즈베리, 2012.

에너지기후정책연구소 엮음,『에너지 전환과 에너지 시민을 위한 에너지 민주주의 강의』, 이매진, 2016.

장하성,『왜 분노해야 하는가 — 분배의 실패가 만든 한국의 불평등』, 헤이북스, 2015.

토마 피케티,『피케티의 新자본론 — 지난 10년 피케티가 비판하고 대안을 제시한 자본주의 문제들』, 박상은·노만수 옮김, 글항아리, 2015.

히로세 다카시,『원전을 멈춰라 — 체르노빌이 예언한 후쿠시마』, 김원식 옮김, 이음, 2011.

제7강

권재원·구민정,『민주주의를 만든 생각들 — 근현대편』, 휴머니스트, 2011.

박승옥,『내가 알아야 민주주의다 — 우리 삶과 세상을 바꾸는 주권자 정치』, 한티재, 2017.

슬라보예 지젝 외,『민주주의는 죽었는가? — 새로운 논쟁을 위하여』, 김상운·홍철기·양창렬 옮김, 난장, 2010.

조경엽 외, 『국가 채무 관리 어떻게 해야 하나?』, 한국경제연구원, 2010.

조셉 트림맨, 『리먼브러더스의 오판』, 장훈 옮김, 첨단금융출판, 2010.

토마스 R. 마틴, 『고대 그리스 사 — 선사시대에서 헬레니즘시대까지』, 이종인 옮김,
책과함께, 2015.

제8강

강원택·조홍식, 『하나의 유럽 — 유럽연합의 역사와 정책』, 푸른길, 2009.

닐 맥그리거, 『독일사 산책』, 김희주 옮김, 옥당, 2016.

마이크 데이비스, 『슬럼, 지구를 뒤덮다 — 신자유주의 이후 세계 도시와 빈곤화』, 김
정아 옮김, 돌베개, 2007.

안 지엘론카, 『유럽연합의 종말 — EU는 운을 다했는가』, 신해경 옮김, 아마존의나
비, 2015.

앙드레 모루아, 『영국사』, 신용석 옮김, 김영사, 2013.

장 피에르 슈벤망, 『프랑스는 몰락하는가 — 갈림길에 선 프랑스의 선택과 유럽연합
의 미래』, 정기현 옮김, 씨네21북스, 2012.

조명진, 『브렉시트를 대비하라』, 한국경제신문, 2016.

생태주의 역사강의

근대와 국가를 다시 묻는다

초판 1쇄 발행 2017년 5월 15일
초판 2쇄 발행 2020년 3월 16일

지은이 백승종
펴낸이 오은지
편집 변홍철·이호흔
디자인 박대성
펴낸곳 도서출판 한티재 | 등록 2010년 4월 12일 제2010-000010호
주소 42087 대구시 수성구 달구벌대로 492길 15
전화 053-743-8368 | 팩스 053-743-8367
전자우편 hantibooks@gmail.com | 블로그 www.hantibooks.com

ⓒ 백승종 2017
ISBN 978-89-97090-70-9 03900

이 도서의 국립중앙도서관 출판예정도서목록(CIP)은 서지정보유통지원시스템
홈페이지(http://seoji.nl.go.kr)와 국가자료공동목록시스템
(http://www.nl.go.kr/kolisnet)에서 이용하실 수 있습니다.
(CIP제어번호: CIP2017009671)